別浪費疫情危機

邱立本 著

www.cosmosbooks.com.hk

書　　名　別浪費疫情危機

作　　者　邱立本

責任編輯　杜　娟

美術編輯　楊曉林

出　　版　天地圖書有限公司
　　　　　香港黃竹坑道46號
　　　　　新興工業大廈11樓（總寫字樓）
　　　　　電話：2528 3671　傳真：2865 2609
　　　　　香港灣仔莊士敦道30號地庫（門市部）
　　　　　電話：2865 0708　傳真：2861 1541

印　　刷　美雅印刷製本有限公司
　　　　　香港九龍官塘榮業街6號海濱工業大廈4字樓A室
　　　　　電話：2342 0109　傳真：2790 3614

發　　行　香港聯合書刊物流有限公司
　　　　　香港新界荃灣德士古道220-248號荃灣工業中心16樓
　　　　　電話：2150 2100　傳真：2407 3062

出版日期　2021年7月／初版

序：別浪費疫情危機

都說別浪費一場危機。英國二戰的首相邱吉爾（Winston Churchill）早就說過：「不要浪費一場好的危機」（Never let a good crisis go to waste）。這都是高明領袖的歷史睿見。在災難面前，大部份人都是惶惶不可終日，只是做短期的應急，忙於趨吉避凶，但高明的決策者，都會從一個戰略的高地，登高望遠，看到芸芸眾生看不到的風景。

疫情是帶來災難的怪手，也是扭轉歷史軌跡的推手（Game-changer），推動全球權力的大洗牌。疫情撲面而來，全球都要面對無所逃於天地的命運，每一個人的生命之旅都要改道。從大歷史的視野來看，都可以看到大趨勢的轉型，也看到過去認為不可能的事情都成為了新的事實。

新冠病毒在全球奪走了數以百萬人的生命，而悲劇還在每天發生，死者安息，生者要堅強，大家都要有感恩的心，可以歷劫餘生，但痛定思痛，也要深刻

反思，在歷史教訓的鏡子中，看到未來發展的趨勢。

在疫情下，從國家到個人，從跨國企業到中小企業，都在調整自己的內外關係。在死亡的陰影下，疫情改變了原來的權力格局，衝擊地緣政治的結構，也改變了很多人的生活方式，推動全球很多新的、微妙的變化。

新的歷史趨勢，展示中美博弈均勢正在不斷變化，對美國不利、香港壓制黑暴，發現治理全新的思路、台灣民心逆轉，不滿綠營民選獨裁肆虐，疫情難民就是痛苦的寫照；歐洲抗拒美國獨大的思想、第三世界和東南亞國家，不僅靠中國的抗疫物資，也嵌入了中國的產業鏈，與中國關係更形密切。

在個人生活層次，疫情導致人們加速網絡化的生活方式，人工智能越來越普及，大家都了解，這是一場持久戰，需有與病毒長期對壘的準備，累積個人心理的抗疫能量。

這本書的文字，都是過去兩年間的寫作，見證了疫情與政治病毒交叉夾擊的季節，為讀者提供了新的思考空間，從日常的防疫，提升到更高的抗疫維度。

必須深刻掌握抗疫的真諦，不僅是對抗外在的病

毒，而是防止人心的病毒，建立制度上的應變機制，在文化上健全自己的心智與體魄，對抗疫情帶來的反智、反科學的逆流，反擊種族歧視的歪風，才可以在絕望的黑夜中發現希望的曙光，拒絕死神的肆虐，記取慘痛的歷史教訓，讓全球不會浪費這一場疫情危機。

目錄

中美博弈

國際變幻

香港風暴

香港的基本盤呼喚知識真誠

香港的基本盤就是回歸常識，也回歸文明底線與社會穩定，避免泛政治化，避免暴力在街頭與人心中蔓延，回歸「知識真誠」。「知識黃」要與「勇武黃」割席，面對真相，而不是扭曲真相。

香港的基本盤是甚麼？這不是說經濟上的數字，而是一個城市在狂風暴雨中失去了一切之後，還有哪些基本的元素可以讓它挺住？

這其實就是回歸常識，也回歸文明的底線與社會的穩定。從中國歷史來看，二零一九年的香港動亂就像文革的狂飆，讓一切「泛政治化」，也讓暴力蔓延，不僅在街頭肆虐，也在很多的人心中滋長。似乎只要打出大義凜然的口號，就可以肆意打砸滙豐銀行、星巴克、麥當勞、翠華餐廳、美心餐廳，就可以對持不同意見的路人圍毆。這都改變了香港的核心價值，玷污了香港的形象。

而回歸香港的基本盤，首要的就是要回歸「知識真誠」（Intellectual Honesty），要敢於面對真相，而

不是扭曲真相。像謠傳警察在香港太子地鐵站殺死了十幾個人，埋在站內，這就是很多人相信的「假新聞」，而一些媒體與網紅就在不斷傳播謠言，甚至鼓勵民眾到地鐵站設置靈堂拜祭。

一些過去被敬重的群體也在一種「泛政治化」的心魔驅使下，發表了很多「假新聞」。像一位大學教授就公開說，九龍塘的又一城被砸爛、聖誕樹被焚燒，不是黑衣人暴徒所幹的，而是警察的密探所幹的。這都是瞪着眼睛說瞎話。這也是香港的精英所要面對的心靈拷問。昔日的精英教育訓練，是否讓他們可以有發現真相的能力，抑或只是讓他們擁有更高超的說謊技巧。

反對派立法會議員毛孟靜回應外國記者的訪問時，指控警方在二零二零年元旦的大遊行中，派出便衣警探破壞商店。但這是網絡謠言，她也沒有任何證據。警方發出英文信給毛孟靜，指出她曾經是受尊重和資深的新聞工作者，如今卻發放虛假新聞，對此表示失望。毛孟靜雖然辯稱說已經加上「據稱」和「報道指」，但假新聞就是假新聞，不能用「據稱」和「報道指」來掩飾。謠言傳播成為香港的亂源，這些高貴的「議

員們」誤導社會，動輒傳播假新聞。面對這樣的亂象，警方立刻嚴正聲明澄清，防止以訛傳訛，禁絕「一犬吠形、百犬吠聲」的怪現象。

同時，一些「黃絲」學者倡導「黃色經濟圈」，越來越變成一則笑話，因為這在實踐上是自欺欺人。試問香港被黃絲帶狂熱分子標籤為「藍店」的商店何其多，其中包括不少國際名牌，像麥當勞、星巴克、吉野家、翠華餐廳、美心餐廳，而銀行還包括滙豐、恆生、中國銀行、中國工商銀行、交通銀行等，這些都是在過去幾個月內被黃絲暴徒打砸的對象，但香港絕大部份的市民都不會參與這樣的抵制行動，更不會支持暴力，因為這違反常識。一些本來支持抗議示威的自由派知識分子，也紛紛與這些暴力割席。

專欄作家梁文道就是著名例子，他指出如果黃營可以使用暴力攻擊藍店，那麼也沒有理由可以反對藍營攻擊黃店，一針見血地戳破這些「黃色暴力」的虛妄。這種堅持知識真誠的聲音與那些鼓吹暴力的網紅劃清界線，不陷入為求目的、不擇手段的怪圈。

香港的動亂還要持續多久？由於香港的媒體、教育、司法都操縱在反對派的手中，北京與港府在話語

權的戰爭中處於不利的局面，而香港的自由、放任的社會氛圍成為暴亂的沃土，因此不少人都很悲觀，認為這需要長期的整頓，才能扭轉局面。但最新的發展又帶來一些希望的曙光，也帶來對香港局勢新的思考。

主要是泛黃陣營出現新的聲音，對於勇武派濫用暴力表示不滿，認為要斷然割席，否則就失去了運動的正當性。而黃絲經濟圈的提法更違反了國際商業的基本守則，最偽善的就是「黃店」的水電都是與中國大陸有關，更不要說蔬菜食物，所謂黃色經濟圈只是一個虛幻的想像，但也彰顯黃營激進派黔驢技窮的狀態。

二零二零年遊行一如過去以暴亂結束，但不同於過往，則是警方採取了零容忍的態度，對於那些企圖「攬炒」（玉石俱焚）的黑衣人不再姑息，而是予以大圍捕，發揮震懾的作用。這都顯示警方「一哥」鄧炳強上台後的新戰術，讓那些暴徒不再輕易逍遙法外，而是要付出被捕的代價。

事實上，黃營耽於使用暴力，只是一種「自我毀滅」過程，這違反了文明基本守則，也逾越了現代社會與商業世界底線。抗議運動之初所提出的「核爆也

不割席」，導致「知識黃」不敢與「勇武黃」、「暴力」割席，但如今暴力越演越烈，也使「知識黃」與「精英黃」承受巨大的壓力，要斷然割席，否則就無法面對國際社會與香港人越來越多的質疑。

泛暴派認為自己最終會佔上風，但恰恰相反，暴力不得人心。這也許是一場持久戰，但不容否認，在道德制高點的戰爭上，「勇武黃」肯定是一敗塗地的輸家。

戳破香港黃色經濟圈泡影

擾攘逾半年的香港動亂，陷入了漫長內耗的階段。但事情逐漸起了變化，主要是反對派的大金庫「星火同盟」違法事件被揭發，由於牽涉洗錢和不法經濟犯罪，在滙豐銀行賬戶的七千萬港元（約九百萬美元）巨款已經被凍結，共有四人被捕。這是警方止暴制亂的一大突破，顯示反對派的重要「金脈」被截斷，過去那些被捕的暴亂分子會經由星火同盟來資助，從聘請律師打官司，或是負責照顧家屬，更不要說每次暴亂所需要的巨大物資，都有一條供應鏈，而這些都是由星火同盟來提供，如今金脈斷裂，肯定嚴重打擊暴亂背後的生命線。

值得注意的是，香港一些「黃絲帶」提出的「黃色經濟圈」計劃，強調要支持「黃絲帶」價值觀的企業連成一體，拒絕向「藍絲帶」的商舖消費，呼籲黃絲帶聯合起來，建立自己的經濟圈，號召所有黃絲帶只向自己陣營認證的商舖消費，杯葛與排擠藍絲帶的商舖與企業。

同時，黃絲帶的勇武派還進一步破壞藍絲帶的商

舖，就在週末，他們在元朗的 YOHO Mall 商場破壞元氣壽司、星巴克、太興等餐廳，並對在內消費的顧客加以警告，説在這些餐廳消費是「沒有良心」。

這些黃色經濟圈的支持者已經砸爛與破壞了很多的餐廳與商舖，包括美心餐廳、星巴克、麥當勞、富臨皇宮、香港優品360、太興、翠華、大家樂、元氣壽司、茶木、吉野家⋯⋯這都是香港普遍受人歡迎的品牌。黃絲帶強調去破壞這些商舖，是因為它們的老闆或員工曾經有反對黃絲帶的言論。如美心集團創辦人的女兒伍淑清就曾經在聯合國的人權委員會上演講，説香港的暴亂並不代表大部份香港人的意願，結果這些黃絲帶就抓住這一點，大肆破壞美心集團餐廳，包括美國的國際品牌星巴克，因為這是美心集團所代理。同樣麥當勞被攻擊，也因為是中資的中信集團所代理。

而中資銀行被攻擊，包括中國銀行、中國工商銀行、交通銀行等等⋯⋯這都是因為它們是中資，只要有「中」字，就是原罪。但這些暴徒也擺了烏龍，他們跑去攻擊上海商業銀行，以為是中資，其實它是道道地地的港資。

這些攻擊與破壞是嚴重的刑事罪行，也違反了文

明的底線。但黃絲帶卻理直氣壯，認為這些激烈的手段可以迫使香港政府讓步，答應他們的「五大訴求」，其中就包括要將他們的「抗議行動」不再定義為「暴亂」，也要求「將警隊解散」，才可以「平息民怨」。

但恰恰是他們這樣的暴力與違法行為，導致他們的「五大訴求」失去了正當性，也不可能有操作性。用任何文明社會的標準，這樣的攻擊與毀壞企業都不可能姑息，也不可能以此成為與政府談判的籌碼。

但更深入地看黃色經濟圈的提議，更顯示它的虛妄。這些抗議者的抵制行動其實是自欺欺人，因為無論他們的政治如何激進，但身體卻很誠實。絕大部份黃絲帶不可能不去光顧星巴克、麥當勞、太興、翠華、元氣壽司、大家樂等香港餐館，因它們是香港的主流，也遍佈香港十八區。他們所謂的抵制，其實就是虛張聲勢，自己騙自己，也以為可以欺瞞天下。

黃色經濟圈的底色其實就是「反中」，要在經濟上「去中國化」，要不斷妖魔化中國，但香港人的生活都與中國的供應鏈息息相關。那些自稱是「黃色經濟圈」的餐館與企業，每天仰賴的自來水、電力、食物材料都與中國有關。如果要政治正確，黃絲經濟圈

的企業應該先自動斷水斷電、宣佈絕對不買大陸運來的蔬菜、肉類，才是誠實的、決斷的行動。

但這可能嗎？黃色經濟圈的餐廳可以不用水龍頭流出的水嗎？可以不用香港的電力嗎？（香港中電與港燈都與大陸的電網合作。）那些黃絲帶推薦的黃絲餐廳可以不買來自大陸的蔬菜和肉類嗎？

更可笑的，是一些學術界人士還為「黃色經濟圈」敲鑼打鼓，認為這是可行的、可以影響港府與北京決策成為制衡中國的武器。但這只是一把自殘的利刃，不但切向自己的身體，也切向整個反修例運動的國際形象，讓它苦心孤詣所建立的「自由鬥士」形象毀於一旦，因為從國際標準來看，去攻打、搗毀任何與自己政見不同的商業機構，都是低級、惡質的行徑，不容於任何的現代文明社會。美國民主共和兩黨、台灣藍綠對立，乃至當年愛爾蘭共和軍與英國，都沒有這樣愚昧的行徑。

香港這些所謂黃色經濟的倡導者都是不學無術之徒，活在自己的同溫層裏，不斷自嗨、自我過癮，高估自己、低估了群眾的智慧，也錯估國際社會的反應，注定成為笑柄，成為一戳就破的政治泡影。

英國的香港心結與殘酷倒影

英國很多人對香港總有一種揮之不去的優越感？這不僅因為英國曾經是香港的殖民宗主國，也因為近年在香港的政治遊行中，往往出現特大的英國米字旗，讓一些英國官員感到飄飄然，覺得越來越多的香港人懷念英國的殖民統治。

但其實這是不美麗的誤會。香港這些「戀殖派」在社會上只是邊緣人物，包括那一位近年在示威場合中頻頻出現的王鳳瑤婆婆，其實是在表演她的「行為藝術」，也在展示香港的言論自由，但對於常常往來倫敦與香港之間的企業家和留學生來說，香港贏過倫敦的優勢，在於香港治安好太多了，也使得香港可以享有「免於恐懼的自由」。

倫敦人都知道，在某些時刻和某些地區，都會遇到人身安全的問題，尤其是持刀攻擊（Knife Attack）事件，已經成為一種常態。二零一八年，倫敦共有一百三十五宗命案，其中七十六人死於刀子襲擊。但在香港，二零一八年的命案是四十八宗，而二零一九

年只有七宗命案，二零二零年香港命案僅為倫敦的百分之十七。這都顯示從治安來說，香港人的安全感都遠高於倫敦。

其實香港的留英學生從倫敦歸來，才會多麼珍惜香港的治安，竟是比倫敦好了不知道有多少倍。三更半夜，香港人走在旺角、尖沙咀，或是柴灣或荃灣，都不會感到有任何的危險。來自全球的遊客都可以暢遊香江之夜，輕鬆愉快，享受東方之珠的夜色。但在倫敦，過了晚上十點，在「一區」（Zone 1）到「三區」（Zone 3）以外的地區都有危險，各種搶案與犯罪事件層出不窮。世界文明的大都會，竟是一個讓市民感到不安全的地方。

這其實牽涉城市的管理能力。金髮政客約翰遜就自誇他在當倫敦市長時，治安比現在好很多。這都因為他容許警員在街頭「喝停搜查」（Stop & Search）。但接任他的南亞裔市長 Sadiq Khan 就取消了這項政策，理由是避免歧視年輕的有色人種。但越來越多民意認為，警方如果不預作防範，隨時街頭臨檢可疑分子，倫敦人就會不斷生活在刀鋒的陰影下，血濺街頭，情何以堪。

從現代政治學的觀點來看，保護人身安全是政府基本責任，防止死於非命，讓人民享有免於恐懼的自由，正是不可讓渡的民主權利。而香港警察在維護市民安全上，壓倒倫敦，位居世界前列，也使得英國人的優越感被澆了一盤冷水。香港人可以在安全的、美麗的香港夜色中，驀然回首，才會發現香港的優點，才會看到倫敦泰晤士河的殘酷倒影。

香港反智與反動的兩面派

　　二零二零年是張愛玲一百歲的週年紀念，但如果她復活，回到當年唸書的香港大學，她會驚訝地發現今天校園出現反大陸學生的氣氛。打着創作自由之名的「校園電視」搞了一個 Xiang Gang University 的「平行世界」，對來自中國大陸的學生極盡誣衊與扭曲之能事。這些「黃絲」的學生跟隨香港社會近年出現的「反中潮流」，不僅攻擊北京政府，還對來自中國的一切都加以妖魔化。這是港大校園最新的「政治正確」，以爭取民主自由之名，行歧視之實，並且在網絡上的「同溫層」獲得不少掌聲，不斷自嗨，成為校園反智的典型例子。

　　這也暴露這些港大學生對港大歷史的無知，不了解這所大學與中國的淵源。早在民國元年港大創立之初，港大就強調這是「為中國而立」，儘管規定以英文授課，但卻一直重視中華文化，也吸納很多中國的學者，包括國學大師陳寅恪、文學家許地山等。孫中山就是在港大的前身香港西醫書院就讀，埋下他創建中華民

國的伏筆。

港大的陸佑堂，由馬來亞華商陸佑所捐獻。李安拍攝張愛玲電影《色，戒》，主角就是在陸佑堂演出支援抗戰的話劇，振奮人心。但今天港大的一些年輕人卻是沉浸在戀殖心態中，唯英美是從，不但對中國的一切都瞧不起，還公然歧視中國人，可說是咄咄怪事。

這也是港大內部的矛盾現象。很多學生與老師都強調要國際化，向國際規範看齊，但卻對國際文明的準則漠然不顧，可以針對一個群體公然加以歧視、辱罵。他們背後的理由是要爭取民主自由，反對中國共產黨，但來香港唸書的中國大陸學生並不是共產黨的代表，也與政治無關，卻要無端面對各種奇怪的侮辱。大學校園向旺角街頭的一些極端組織看齊，說來自大陸的遊客是「蝗蟲」，要發動「驅蝗行動」。

校園的極端化也有「理論建設」。幾年之前，港大報紙《學苑》發表《香港民族論》，要論證香港人不是中國人，強調香港人具有獨特的歷史經驗，是不同的「想像共同體」，因此可以獨立建國，成為一個國家。

但港大的歷史，就無情撻伐這些港獨的論述。因為香港大學校園在殖民時期就是一個最有中國情懷的感情基地，不僅孫中山的民國建設吸納不少香港大學的精英參加，而後來的抗日志士也有不少港大同學，前仆後繼地參與中華民族的救亡事業。香港鼎鼎大名的大律師余叔韶（Patrick Yu, 1922-2019）就是著名例子，他為了中國抗戰的存亡，曾經出生入死，命懸一線；如今看到自己的學弟學妹高喊不是中國人，還在街頭高舉英美國旗，可説情何以堪。

　　余叔韶曾經是香港第一位華人檢察官（但後來他不滿港英政府對華人僱員同工不同酬，斷然辭職抗議），余叔韶面對今日港大亂局，肯定會一針見血的指出：民主自由的追求，首先要從對人的尊重開始，不能以不同群體為界線，也不能以學生説普通話就加以歧視。這是現代文明的基本守則。港獨大學生追求政治理想，卻踐踏普世政治理想的核心價值，暴露自己就是矛盾的兩面派。

　　同樣的，黃營的立法會議員就因為是否要總辭、不再留任立法會而展開大辯論。一些自稱「抗爭派」的激進派系要求將此事付諸公投，但背後其實是將一

些相對溫和的派系「擠兌」出去，號召要用群眾民主的方式加以排斥。這是一種赤裸裸的「兩面派」作風。在支持者的群眾面前，說是要大鳴大放，一切都要公投決定，但骨子裏其實是一種奪權的遊戲。

這些反對派就被批評只是「兩面光」，兩邊討好，但其實沒有說出他們都希望留任香港立法會議員的職位，因為議員年薪一百多萬（約合十三萬美元），另外還有很多的津貼，共達幾百萬港元。儘管他們表面說不在乎，但事實上這是他們最在乎的核心利益。奢言要公投通過才決定是否留任，只是一場政治秀而已。

同樣的，那些黃營勢力強調政治上一切要以美國為標準，但卻對當前風起雲湧的黑命攸關民權運動（Black Lives Matter）「保持距離」，因為他們愛慕的特朗普總統都反對這民權運動，甚至支持警察打壓示威抗議者。諷刺地，黃營在香港不斷抹黑警察，但在美國的民權運動上，卻支持特朗普與美國警察鎮壓。這樣的雙重標準恰恰暴露了兩面派的作風，就是隨時「搬龍門」的機會主義。有這樣的黃營反對派，有這樣的港大獨派學生，香港民主政治發展還有前途嗎？

虛無主義幽靈在香港上空徘徊

　　虛無主義（Nihilism）的幽靈，在香港上空徘徊。虛無主義就是對於真相、倫理和人文的基本價值都採取懷疑的立場，一切就是只問目的，不擇手段。而在社交媒體鋪天蓋地的網絡中，信息的傳播與運轉成為一個「回音壁」（Echo Chamber），逐漸建構了一個自欺欺人的奇特世界。

　　美國猶太裔哲學家阿倫特（Hannah Arendt）就對虛無主義的問題作出很多的分析，指出這是價值的倒錯，一些平常看似正常的人，在某些情景之下，作出令人驚恐的「平庸之惡」（Banality of Evil）。若以此來分析為何香港一些市民在過去一年中，也參與街頭很多明顯的暴力活動，如焚燒地鐵站，堵路，破壞星巴克與麥當勞，其中參與者還不乏大學生。但只要細讀阿倫特對虛無主義的研究，就會發現這樣的心態還在香港很多人的心中蔓延，成為香港的「平庸之惡」。

　　在二零一九年開始的反修例活動中，背後都有虛無主義的影子。指控香港太子地鐵站「警察殺死很多

人」的說法，就是典型的例子。黃營的媒體認為，在二零一九年的八月三十一日，警察在太子地鐵站圍捕一些違法的黑衣人時，殺害了很多人，因此不少黃營群眾就不斷在太子地鐵站擺設靈堂，獻花，要紀念亡魂。但問題是黃營一直提不出死亡名單，也沒有任何家庭提出有人失蹤。警方也一直澄清，這都是子虛烏有的捏造事件，是一些反對派自欺欺人的把戲。

黃營的論述，在二零二零年八月三十一日的「週年紀念活動」中出現翻轉。一名長期被黃營媒體指稱已經被警察殺死的年輕人「韓寶生」突然在英國接受媒體訪問時澄清，說自己只是「被死亡」，他一直是活生生的，而他的真正名字是「王茂俊」，是攝影師，他過去不出來澄清，是因為不願意警方因此「得益」，破壞了反對派對警察的攻擊。這新聞如晴天霹靂，揭穿了黃營媒體一年來煽動的「死人」事件，都是「假新聞」。

但諷刺地，二零二零年的「八三一」紀念事件還是有很多深黃的信徒跑去太子地鐵站設置靈堂獻花「紀念」，並與警察爆發衝突。一些立法會議員如毛孟靜等更去現場搖旗吶喊，企圖收割政治利益。

這都顯示香港政治的荒謬。一些名嘴、作家、記者、教授、議員都變成了「狂熱信徒」，參與太子地鐵站的論述，指責警察如何殘暴，如何殺害多少無辜的年輕人。但這些被視為很有學問、社會經驗很豐富的知識分子，卻在面對這個議題時突然變得反智，他們不看證據，只相信感覺，這就是虛無主義者的態度，何謂真相與科學都無所謂，而只在乎他們喜歡。虛無主義的心態正在一些年輕人心中蔓延，他們不在乎有些事情是否真的發生，而只在乎是否「需要發生」。

　　同樣的情況也出現在香港少女陳彥霖的死因上。這位十六歲的少女屍體在海上被發現，網絡上黃營的傳言說她是被警察輪姦後殺害，但沒有任何證據。她的母親出來澄清說她早有精神病記錄，但也被人懷疑說她不是真母親，而只是假冒。後來做了 DNA 測試，證實她是陳彥霖的母親，屍檢也證實她沒有被性侵，但網絡上仍然很多聲音堅持原來版本，變成信者恆信的局面。

　　另一方面，香港從二零二零年九月一日開始，推動全民抗疫的免費檢測，希望找到社區內隱形傳播鏈，讓更多的香港人參與，為己為人，徹底解決疫情。但

沒想到卻被黃營勢力抵制，認為這是港府當局與北京的陰謀，呼籲香港人不要參加檢測，違反了基本的科學與常識。事件暴露香港抗疫被泛政治化，導致公共政策之爭被武器化，荼毒香港人的健康與基本利益。

黃營輿論認為，香港全民檢測，只是港府藉此偷走香港人的基因 DNA，用以對付香港的反對派。他們在不同平台的媒體上，大肆宣傳這些檢測可能只找到「假陰性」或是「假陽性」，無法準確找到傳播鏈，並認為檢查的場所由於人員聚集，更是危險，因此要全力杯葛。

一些醫護人員的組織不斷妖魔化這次全民檢測，一方面說這是內藏陰謀，另一方面又說檢測沒有作用，只是浪費公帑。當然，這反映香港醫護人員內部，「黃絲」的勢力厲害，他們支持黑衣人的暴力，要推翻林鄭月娥的特區政府，也支持拿着英美國旗的示威者，要美軍登陸香港來管治。

不過這樣的論述與行動，在當前特區國安法之下，已經稍為收斂，但更重要的，就是美國本身抗疫的失敗，死亡人數高逾六十萬人，根本沒有任何的資格對香港指手畫腳。幸好香港還有六千多名醫護人員，參

與政府這次全民普測的工作，發揮他們的專業力量與公民責任。這是專業的勝利，也是香港人的勝利。

　　虛無主義造成泛政治化的禍害，需要全民擦亮眼睛，消除意識形態與政治鬥爭的心態，回歸常識與科學，確保香港的發展，不要被激進政治所綁架，不要被虛無主義的心態所誤導，避免香港陷入長期內耗的痛苦局面。

香港公務員系統需全面整頓

香港二零一九年一宗大新聞，暴露香港公務員系統的崩壞。香港出入境事務處的一名文書助理，將數以百計警察、法官、高官的個人與家屬資料「起底」到網上，損害他們的隱私，惡性重大。警方經過長期的調查後，終於將她逮捕。這位名為孔穎琛的二十五歲女子在法院提堂時，還有不少「黃絲」到場支持，顯示香港一些公務員不僅不支持港府的政策，還暗中搞破壞，受反對派「違法達義」的思想影響，成為香港政府內部的「第五縱隊」，為外國勢力驅使，被港獨毒素滲透，成為一大危機。

這都因為公務員系統與香港社會一樣，回歸後都是不設防，只是重視專業與程序，一切都是「按本子辦事」，只是技術官僚，但近年被反對派思想蠱惑，再加上一些前高官也加入反對派陣營，一切以英美為師，導致公務員系統被腐蝕。

關鍵是香港十七萬多公務員，在港英時期只是工具，回歸後卻自許「政治中立」，欠缺甚至否定國家

認同，輕易被港獨組織與外國勢力滲透，不承認自己是中國人，去年在「反修例運動」中，甚至出現一些公務員組織上街遊行反對政府，如今出現盜取工作資料、損人隱私的行動，只是冰山的一角。

香港公務員系統待遇之高，世間罕見，勝過英國與美國，僅稍低於新加坡，例如每年在應屆畢業大學生中招考的政務官（Administrative Officer），在一萬多人中取錄幾十人，起薪即達月入五萬三千多元港幣（約七千美元）。香港特首年薪高達五十七萬美元，比美國總統年薪四十萬美元還高。儘管港府俊彥之士不少，但由於回歸後沒有在政治思想上嚴格把關，不如港英殖民時期，導致一些心理逆反的人成為「特洛伊木馬」，將效忠對象轉移為外國政府或是叛亂的港獨組織，成為香港政治的一大隱患。

如今之計，就是要加強政治偵防，學習美國聯邦調查局與英國軍情局，仔細調查行政官員的政治傾向，避免禍起蕭牆，養虎為患。列寧的名言不能忘記：堡壘最容易被內部攻破。香港特區政府再也不能如回歸早期那樣，處於一種「天真年代」（Years of Innocence）的心態，以為只是「打好這份工」，殊不知香港近年

已經是高度政治化的城市，也是列強諜報勢力「兵家必爭之地」，如果還是迷迷糊糊，那麼這些拿着香港金飯碗的精英，不是解決香港問題的一群，而是製造香港問題的一群。港府高層的袞袞諸公，能不慎乎哉！

港獨武鬥背後的文攻論述

港獨不除，香港民主政治就沒有明天。這是泛民主派內部逐漸出現的反思，發現在當前國安法雷厲風行之際，如果參選立法會的候選人還在高舉「光復香港，時代革命」的口號，就會被褫奪參選資格，甚至還會陷入牢獄之災。如果不改初心，支持香港的民主發展，就必須盡快與港獨切割，才能在議會內外獲得支持。

保持香港繁榮穩定是絕大多數市民的共識，港獨過去一年間在街頭發動的武鬥都被批判，那些投擲汽油彈、火燒地鐵站、毀壞鐵路、破壞店舖、「私了」毆打、點火焚燒不同政見市民的行動都讓人髮指。這些等同恐怖主義的行徑，在任何一個城市都不會被容忍。但過去由於司法系統被一些黃絲法官所把持，再加上深黃媒體的吶喊助威，教協等深黃教育團體也曲予維護，讓這些赤裸裸的暴力被姑息，也誤導一些年輕人鋌而走險，以為暴力就是時髦，導致被捕的中學生越來越多，讓社會上興起「救救孩子們」的呼號。

其實在那些武鬥的招數後面，是一套蠱惑人心的

港獨理論，從娃娃抓起，荼毒不少中學生、大學生與邊緣少年。他們往往打着「本土派」的旗號，強調關懷「在地」的一切，關切弱勢群體。但他們又與過去的左翼青年不同，標籤自己是最代表本土的一群，以「身份政治」為焦點，排斥非廣東人，以廣東話作為身份的象徵，認為不能說廣東話的人就不是香港人，就「非我族類」可以「另眼相看」，甚至歧視。當然，他們不知道，在廣東省及全球華人的世界，能說道地廣東話（其實是廣州話或廣府話）的人起碼有七千萬，是香港人口的十倍，用廣東話來分辨「我者」與「他者」，其實是一大笑話。

另一個「身份政治」的標籤就是攻擊簡體字，說這是「殘體字」，是「共匪」才會使用的文字，殊不知新加坡、馬來西亞的華人都使用簡體字，了解這是快速消除文盲的利器，也是沿革自中華歷史上的草書，昔日王羲之等書法名家也寫了不少草書的簡化字，若簡單粗暴地視為「殘體」而鞭撻，恰恰暴露沒有歷史知識與缺乏文化素養。如今中國大陸都在提倡「學簡識繁」，知識界並不排斥繁體，而海外文化界也是「繁簡並重」。馬來西亞華文報章甚至出現標題繁體，內

文簡體，一報兩制，可以兼備兩者之長。港獨之流如井底之蛙，徒為識者笑矣。

港獨另一個問題就是製造假消息，散播仇恨的種子。香港警察就成為港獨攻擊的對象，透過主流媒體與自媒體的夾擊，不斷造謠説警察在地鐵太子站殺了很多人，組織群眾在站外設置靈堂拜祭，繪影繪聲，好像謊言説了一百次就會變成真實一般。尤其在今天網絡上的「同溫層」，年輕一代都在自設的「回音壁」內，自我洗腦。到了最後，港獨指控香港警察已經殺了三千多人。這些荒謬的謊言像滾雪球一樣，越滾越大，但最後都經不起現實的陽光的照射，融化成為一灘灘污水，映照出造謠者的醜陋面目，成為歷史的諷刺。

但不能忽視港獨論述的外部關係，就是與美國、英國的反華勢力結合。由於特朗普與約翰遜都在尋求遏制中國崛起的利器，而港獨就成為他們最佳的支點，要利用這些天外飛來的力量。港獨的街頭示威高舉英美兩國的國旗，神化殖民地統治，讓白宮和唐寧街的決策者感到飄飄然，以為這是香港的民意，要英美兩國來接管香港。但這顯然是港獨的「想像共同體」，

卻不是香港的主流民意。港獨與西方反華勢力高估了自己，低估了北京強力反擊的決心，錯估了香港的形勢，成為政治上的「錯愛」。

港獨的另一策略就是偽裝成弱勢的本土派，但手段卻是強勢的「攬炒派」，即不惜玉石俱焚。在中文大學與理工大學校園的暴亂事件中，港獨用上種種匪夷所思的暴力手段，包括囤積大量的汽油彈，破壞公路與隧道，癱瘓香港的交通動脈，要來一個魚死網破。但這樣大面積的暴力引發香港以中產階級為主的民眾的極大反感，他們擔心香港的繁榮穩定就這樣煙消雲散，擔心他們所擁有的物業價格會插水式的下跌。港獨以為「攬炒」可以導致香港政府的退讓，但最終迎來國安法的鎮壓。攬炒不惜一切以毀滅對方為目的，但卻諷刺地成為一種「自我毀滅的預言」（Self-destructive Prophecy），讓港獨的論述走向自我毀滅的道路。

因而在香港的民主化道路上，港獨是一條死胡同。它看似吸引了一些年輕人，也在國際上吸引不少眼球。但它的論述違背了香港人的歷史經驗，也違背了普世價值，暴力不得人心，依附外國強權也不是香港的主流民意。港獨的文攻論述終究站不住腳，最終成為歷

史上的泡沫，隨風而逝。追求民主化的香港人，必須堅守中國人的認同。今年的香港立法會選舉，就是重要的試金石。拒絕港獨，就好像拒絕毒品，才能讓香港邁向健康的未來。

港獨是香港民主發展的毒藥

　　在國安法下，港獨是一條政治的死胡同。由於國安法的嚴格條款，港獨再也不能用「言論自由」的帽子做保護傘，而是要負起刑事責任，面對牢獄之災。港獨的論述這幾年在新一代的群體中流行，蠱惑不少民心，但這與香港主流民意迥異。港獨顯然不是現實政治的選項，最後就只能走向地下化，無法參與議會政治的運作。

　　港獨的致命弱點就在於其倡導者缺乏知識的真誠（Intellectual Honesty），例如造謠說香港警察已經殺害了三千多人，極力將香港警察妖魔化，作為自己暴力行動的藉口。同時，港獨破壞了香港自由言論的傳統，將不同政見的市民「私了」，濫用私刑，活活點火焚燒反對他們的民眾，鼓動中學生去丟汽油彈，破壞地鐵、堵塞公路、砸爛商戶，包括星巴克、麥當勞等美資企業都不放過，理由是它們的代理是中資企業。港獨的論述將中國的歷史扭曲，掩蓋歷史的真相，採取不少日本右翼的史觀，為當年日本侵華洗脫罪名，

甚至要在香港考試局的試題來做手腳，為日本軍國主義緩頰，引爆抗議的浪潮。

從大歷史的觀點來看，港獨的出現，反而成為北京保守勢力的意外禮物，因為這讓中國共產黨可以輕易地化解內部要求民主化的訴求，從而在分離主義的挑戰下，可以快速凝聚內部民心，在愛國主義的旗幟下，將這些港獨勢力碾碎。

如果回顧香港老一輩民主派的改革路線圖，香港的民主改革運動絕對不會走上港獨的道路，而是要與中國大陸內部的改革派連接起來，爭取在當前中國的政治體制下，發揮更多的制衡力量，避免權力的濫用。這也是司徒華、張文光、蔡耀昌等人多年以來在泛民內部的努力，期盼「民主中華」的動力不僅可以改變香港，也會改變中國大陸。但如今「民主中華」的路線已經被港獨鬥垮，成為飄遠了的記憶。

港獨勢力的興起，綁架了香港民主改革的進程，以奇葩的論述，企圖論證香港人不屬於中華民族，要將香港人與中國人切割，要建立「黃色經濟圈」，排斥說普通話（國語、華語）的外地遊客或是新移民，而無視香港長期以來是全球華人的首都，是神州大地、

台灣、東南亞各地華人的大都會。港獨以狹隘的地域主義來加以排斥，違反了這個城市的核心價值與歷史精神。

其實在香港回歸時，不少中國大陸知識分子都對香港議會的發展寄予厚望，認為香港走向三權分立，堅持法治的機制，都是中國大陸可以借鏡之處。因而中國的知識界對於香港的政治改革都全力支持，而香港的媒體不僅在「六四」與維權律師等問題上都勇於發言，也動員示威遊行。每年香港維園「六四」燭光晚會都有不少來自大陸的民眾參加，甚至是來港喊冤，為一些維權事件爭取境外的支持。但如今港獨勢力逐漸操縱香港的反對派，使得中國大陸的改革派都忌憚與分離主義沾上了邊，要劃清界線。

香港反對派勢力亮出了港獨的旗幟，或是舉起了英美的國旗，都會被絕大部份的中國人所拋棄，也在國安法生效下被嚴懲不貸。對於難忘「民主中華」的老一輩泛民勢力來說，港獨是自毀長城之舉，是民主派的一瓶毒藥，讓民主化的訴求失去了正當性，也失去了大部份港人的支持。

港獨成為美國在香港制衡北京的工具。香港街頭

高舉美國星條旗的鏡頭展示美國的價值觀與勢力，引起了舉世矚目。但對港獨來說，特朗普的出現是一大不幸。他主動在全球破壞了美國的傳統價值，脫離世界氣候會議與 WTO 等國際組織，也使得美國失去了國際上的道德權威。港獨靠攏特朗普，反而突顯帝國主義的痕跡，也使得港獨的政治訴求失去了法理性。

同時，港獨也將英國殖民歷史美化，讓很多在一九九七年之後才出生的新一代，謳歌英國殖民的光榮，而絕口不敢提到英國殖民時期的《不受歡迎外國人條例》（Non Persona Grata），也就是英國殖民政府將中國人視為外國人，任何它看不順眼的市民，都可以立刻驅逐出境，沒有任何的「程序正義」（Due Process of Law），更不要說香港民眾百年以來眾多波瀾壯闊的運動，從一九二五年的省港澳大罷工，到七十年代的中文合法化運動、保釣運動、抓貪官葛柏等，都是香港殖民歷史不可磨滅的烙印，但如今港獨拿着英國的米字旗上街，盲目崇拜着英國殖民，又怎麼對得起那些當年前仆後繼挺身而出、爭取平等的香港人？又怎麼對得起近百年反抗列強、爭取中華民族尊嚴與進步的中國人？

國安法是一把政治手術刀

　　國安法甫在香港推出，就在全球引爆強烈迴響。美國、英國都予以譴責，美國立刻推出《香港自治法案》加以反制，英國說會讓持有英國海外護照（BNO）的香港人可以在英居留較長時期，歐盟國家也對北京表示不滿。日本當局也發言，說國安法影響習近平訪問日本。

　　但在國際舞台眾聲喧嘩中，國安法帶來的震懾作用也是立竿見影，香港那些港獨組織都立刻解散，有關的人物如黃之鋒、羅冠聰等也紛紛宣佈脫離，一時間樹倒猢猻散。連那些鼓吹「黃色經濟圈」的茶餐廳都立刻將網絡上的 App 下架，雞飛狗走。更不要說較早前泛民主派領袖李柱銘已經說，要和「攬炒派」（攬炒意指玉石俱焚、同歸於盡）切割，而前政務司長陳方安生更發表聲明，要退出政壇，並奉勸年輕人要守法。

　　當然，一些反對派與國際輿論都對國安法酷評，說這是香港自由法治與人權的喪鐘，從此這城市將會

進入白色恐怖的黑暗時期，而港獨的一些頭面人物也傳出逃亡到台灣，投奔怒海，代價傳言起碼要三十萬港幣（約四萬多美元）以上，讓經營的黑道江湖多了一條財路。

儘管在國安法實施首日，香港街頭出現黑色暴力，員警受傷，但越來越多跡象顯示，香港會迎來更有希望的未來，因為香港的政治遊戲規則從此大變，不再受困於「身份政治」，不再被港獨「想像共同體」的虛假意識所誤導，不再被「黃色經濟圈」等假議題干擾，而是可以聚焦在內部的變革，化解經濟與社會矛盾，加速與大灣區的融合，可以讓城市煥發新的動力。

泛民勢力過去幾年被批評遭到港獨勢力綁架，走上激進與違法之路，對外聲稱「違法達義」，但其實是縱容與鼓吹暴力。當然，泛民其實也綁架了港獨，企圖吸納年輕人的選票，壯大自己在網絡上的聲量，包裝成「兄弟登山，各自努力」的口號。但如今在國安法面前，他們就立刻彼此「割席」，互相揭短，暴露了這個「政治連體嬰」已經被國安法的手術刀巧妙切開，也讓泛民理性的與有中華情懷的派系抬頭，繼承當年司徒華等人的「民主中華」傳統。

因而國安法也是一面鏡子，照出香港政治生態被扭曲之處，形成嚴重的內耗。立法會被「拉布」與暴力所癱瘓，無法推動民生議案通過，導致香港很多建設工程都要停擺，而民生工程也受波及，損害市民的福祉。

但更重要的，香港政治從此集中在發展的未來，而不是再去討論「無限上綱」的泛政治化的議題，擺脫那些黨同伐異的政治鬥爭，回歸正常的政治運作，確保香港的繁榮穩定。

國際商界早就對國安法投下信心的一票。像滙豐、渣打等國際金融機構都公開支持國安法，認為這是香港維持穩定繁榮的不二法門，避免打砸燒的亂象，告別過去一年以來以自由民主為名、破壞顛覆為實的政治暴力。對商界來說，最重要的就是結束香港的「不確定性」，不要讓港獨與黑色暴力成為新常態，不能忍受香港的主流政治成為動亂與爭議的源頭。

因而國安法具有壓艙石的作用，讓香港這艘船在政治的汪洋大海中，穩定前進。但美國似乎要讓香港這艘船遇上更多的國際驚濤駭浪。華盛頓日前通過《香港自治法案》，聲稱對損害香港高度自治的有關官員

予以制裁，又對輸港的含有高新技術的商品加以限制。這釋放強烈的信號，顯示美國可能為了香港要與北京進一步交惡。但仔細看美國的動作，它的狠勁的對內意義大於對外意義，到最後只是「紙老虎」，難以發揮作用。

美國以凍結資產來恐嚇，可以說是刺扁了的矛頭，主要是香港的高層官員和普通的老百姓並沒有甚麼人在美國擁有資產。同時，財經界傳言美國要將多年以來港元與美元掛鈎的機制停止，讓港元陷入混亂中，也是無稽之談。因為港元與美元掛鈎，並不需要美國同意。這只是港元在匯率上的一種安排，而在實踐上也對廣大的香港美商帶來很多的方便。事實上，《香港自治法案》以及對港制裁，對美國不利之處更多，尤其美國對港貿易是有巨大的順差，若港元與美元脫鈎，肯定會損害很多美商的利益。

港區國安法是中國人對分離主義的反擊，確保一國兩制不能成為港獨的遮羞布。香港政治估計會逐漸走向理性的、溫和的路線，不再搞「違法達義」的這一套。香港人衝破黑色暴力的烏雲，迎向第一線的陽光。

國安法是香港變革第一步

香港國安法的出現，成為香港政治局面變革的關鍵，讓恣意分裂國土的組織與行動，不再以言論自由之名，在這城市橫行無阻。近年香港高舉英美國旗、打出要求美軍登陸香港的示威者，開始在新的法律下發抖了。因為國安法立法，讓「亂臣賊子懼」，讓那些以為香港是一個「無掩雞籠」（粵語，指完全不設防）城市的人，如今都紛紛說要逃亡海外。

國際商界普遍對國安法表示歡迎，因為這會結束香港社會動亂的「不確定性」。近一年來香港反修例風波淪為黑衣人暴力，破壞商場、港鐵、鐵路、堵塞公路，不僅讓居民受害，也讓國際投資者憂慮，尤其是星巴克、麥當勞等美資企業被攻擊，損害美國商業利益。因而香港的國安法立法，勢將阻嚇這些不法勢力的蔓延。

不過有些香港市民擔心，國安法立法，在很多反對派的斡旋下，變成了「無牙老虎」，看似威猛，但實踐上還是要依靠香港的司法系統，而法官的判決往

往有太多的「自由心證」，最後案子會不了了之。

根據近年判決的總結，香港法官有一半以上是「黃絲」，都偏向反對勢力與港獨分離主義，要求他們秉公處理，毋寧緣木求魚？一些法官更擁有外國國籍，或是有幾本護照，過去在反修例事件與黑暴事件中，都輕放那些犯下嚴重罪行的暴徒，曲予維護，為港人所詬病，如今將國家安全的司法正義交託給這個群體，讓很多港人心裏不踏實。

從人權與言論自由來說，香港可說是世界前列，香港主流媒體每天都以攻擊港府與北京當局為主旋律，港人早就見怪不怪。但問題是近年出現很多的「假新聞」，如說香港員警在反修例事件中殺了三千多人，有員警在警局強姦女性犯人等，都是某些群體深信不疑的事實。但更離譜的是，由香港政府全資支持的香港電台卻常常推出很多惡評港府與北京的新聞，立場被指偏頗。這等於是用全體納稅人來支持一個反對派媒體。台灣公視敢去罵蔡英文與民進黨嗎？最近美國政府出錢經營的美國之音就由於被指立場不是站在政府那一邊，管理層被炒魷魚，引起軒然大波。

但香港卻亟需國安法立法，因為近年在社會上流

傳很多分離主義的論調，並轉而組織發展成為街頭打砸燒的一股力量，危害香港的穩定。一些示威者高舉「香港獨立」的標語，並且要求外力介入。這都觸犯了北京的底線，也觸犯了任何國家的底線。但香港的反對派動員了所有力量來妖魔化香港的國安法，美英與歐洲議會也出來譴責，說是損害香港「高度自治」與一國兩制。但香港的「高度自治」與一國兩制都不能讓香港獨立，讓外國來重新殖民香港。這是全球中國人最基本的底線。

　　但深一層看，國安法其實只是第一步，要徹底解決香港的分離主義禍害，必須面對當前香港在教育、司法、媒體三大領域「失守」的窘境。很多在黑暴事件中非常活躍、而最後被抓捕的年輕人，有些甚至是初中生與小學生，這顯示反對派與港獨勢力動員之深，對新一代的「洗腦」已到了無孔不入的地步，背後的力量就是教師隊伍，在「教協」組織與高度動員下，教師就不斷灌輸「違法達義」的思想，因而這些中小學生就變成了「黃衛兵」，可以到處打砸燒，堵路，製造汽油彈，成為徹底的本土恐怖分子。如何整頓香港的教育，「救救孩子們」，恢復流失的「中國人」

認同，才是香港撥亂反正的關鍵。

司法部門的敗壞，也是香港的禍害。主要是不少法官立場先行，不問是非與事實，導致很多暴力罪案被輕判，如毀壞國旗只判社區服務令，毆打員警也被輕輕放過，都讓人對司法的公正性感到寒心。

媒體也是大問題，除一些主流媒體的「腥色羶」外，一些鼓吹分離主義的言論也越來越多，再加上自媒體的崛起，不斷將員警、港府、北京妖魔化，散播大量假新聞，誤導社會，而很多受眾都是生活在網絡世界的「同溫層」裏，交叉感染形成了一個扭曲的社會。

因此要扭轉局面，就需要針對香港社會的深層問題，大刀闊斧變革。國安法其實只是第一步，如果沒有提出在教育、司法與媒體的改革路徑，那麼國安法只是治標不治本。

香港人也要厚植積極的力量，在一國兩制下，將香港建設得比以前更好，比殖民時期更好。香港有很多優越的成就，但一切都要在「一個中國」前提下進行，讓香港成為中國現代化的先鋒，而不是成為國家建設的包袱。香港的國安法在全球標準下，比起美國

與英國都是最寬鬆的。如果西方還在拿香港國安法來「說事」，那其實是折射西方勢力的別有用心，借此來蠱惑全球輿論，削弱中國上升的力量。香港人能不慎乎哉！

為何港獨台獨攻擊「大中華」

在港獨與台獨的論述中，除了對北京當局的口誅筆伐外，還對「大中華」的論述恨之入骨，認為這「比粗口還難聽」。過去幾年，港獨的媒體就常用「大中華膠」一詞來抹黑。「膠」字就是頑固守舊的意思，因此是負面的描述。在當前台港年輕人社群中流行的分離主義，視「大中華」為假想敵，必欲去之而後快。

為何「大中華」得罪了港獨台獨？因為「大中華」的理念源於全球華人社會在文化與經濟上的強大凝聚力，超越政治的紛爭，也超越了身份政治的認同之辯，發現中華文化是強大黏合力量，再加上經濟上的互補性，成為中華民族蓬勃發展的動力。但港獨台獨都對此感到不安，因為他們要與歷史和文化切割，須重新書寫自己的過去。港獨喜歡拿着英國的國旗，頌揚英國殖民統治的一切，而台獨則大多眷戀日本的統治，將「皇民教育」神聖化，厭惡全球華人不忘抗日史蹟。

事實上，全球華人共通的歷史經驗形成了強大凝聚力。新加坡華人被日軍統治的創傷，也和香港人在

日軍鐵蹄下「三年零八個月」、參與抗日東江縱隊的往事，彼此呼應。香港製作的電影《十月圍城》描繪江湖高手在香港保護孫中山，與清廷派來的殺手鬥智鬥勇的故事，在台海兩岸都廣受歡迎，因而全球華人在欣賞很多文化產品時，都分享共同的心靈坐標。

儘管全球華人都擁有不同的國籍，尤其在東南亞，包括馬來西亞、新加坡、印尼、泰國等國，再加上兩岸三地，護照都不相同；但即使是持有不同的護照，他們都有一本共同的「中華文化護照」，蓋上了共同的心靈簽證，印上了中華文化不滅的標記。

但台獨要極力排除中華文化的影響，綠營政府在教科書的新課綱上，剔除了「唐宋八大家」、大部份的唐詩宋詞，改而加上了一些日本人寫的不入流的漢詩，也大量減少了文言文的教材。港獨也是在文化上歌頌西方的一切，還打出標語，要求美軍登陸香港統治。他們要將中華文化的遺產根源挖走，才能成就自己的「建國大業」。

全球華人其實也是全球化經濟的擁護者。在全球的產業鏈中，各地華人親情與文化的脈絡搭建緊密的商業關係。台灣即便在當前兩岸關係緊張之際，還是

維持對大陸的大幅貿易順差。

全球華人其實早就衝破意識形態的限制，發揮美國作家弗里曼《世界是平的》（*The World is Flat*）一書所總結的全球化力量，衝破了資金、技術、人才與地理上的障礙。在大中華的天地裏，世界也是平的，因為貿易的真諦就是互通有無，展現競爭的優勢，不應該被政治扭曲。近年中國的電商在全球華人社會風行一時，大家都樂於在阿里巴巴、京東、拼多多等網購平台上，尋找自己價廉物美的至愛。

儘管台灣當局對台灣淘寶加以封殺，但台灣最紅的電商「蝦皮」就是新加坡資金，也有中國大陸的投資。在網絡商業的世界，全球華人都可以繞過政治，因為他們都相信，政治是一時的，但文化與商業是永遠的。

全球華人在文化上的強大凝聚力，也是無遠弗屆。那些流行文化的符號，從鄧麗君、羅大佑、王菲到林俊傑、孫燕姿的旋律，都穿透政治的隔閡與障礙。香港導演陳可辛最近推出中國女排的電影《奪冠》，在包括中國大陸和香港在內的全球華人市場都受到歡迎。儘管台灣電影院沒有上映，但大家還是能在谷歌搜索到翻版，為鞏俐飾演郎平而喝彩。陳可辛導演的《甜

蜜蜜》、《如果‧愛》等片更成為電影史的經典。

「大中華」的最大魅力還在於它所迸發的軟實力，從傳統到現代，從《康熙來了》搞笑的小S與蔡康永，到殿堂級的馬友友與郎朗，都在大中華的世界煥發異樣的光芒。從讓觀眾哄堂大笑的《脫口秀大會》到才思泉湧的《中國詩詞大會》，都跨越大中華社會內的地理疆界，穿透政治、國籍與意識形態。這恰恰是那些「去中國化」的台獨港獨勢力所忌憚的，因此往往對此加以惡毒攻擊。

台獨港獨認為「大中華」是老掉牙的論述，是冷戰結束後曇花一現的現象。但歷史的真實是，大中華的全球華人社會早在冷戰之前就在各地出現。四十年代，南洋社會的華文教育都是使用上海商務、開明等出版社的教科書，而五六十年代的香港媒體如《中國學生週報》也是和星馬的《學生週報》連接，當時在南洋的主編姚拓就曾任香港的《中國學生週報》總編輯，而香港作家徐速寫的《星星、月亮、太陽》也曾經是南洋青年最愛的小說。因而「大中華」不僅是冷戰後的產物，而是早就源遠流長的文化共同體。

這也是中華民族的軟實力，在不同的國家開枝散

葉，展示文化中華與民間中華的實力，碾壓那些攻擊全球華人歷史的分離主義者，尋回拒絕被扭曲的大中華。

港獨旗手走出政治死胡同

　　曾參與書寫《香港民族論》的前港大學生、港大法律系碩士、現在商界工作的李啟迪最近撰文及接受媒體訪問時強調,他已轉變立場,不再主張港獨,他說:「在理解到香港獨立並非選項的現實情況之後,我會希望能尋找在一國兩制框架之下對香港最佳狀況。」這在香港的「黃營」政治圈中彷彿投下了原子彈,讓很多高舉港獨標語與英美旗幟的年輕人大受震動,為何他們視為港獨綱領論述的撰寫人覺今是而昨非?李啟迪甚至加入田北俊創立的「希望聯盟」,了解商界及香港民意趨向。

　　這也許是國際局勢越來越明顯,而中國的發展與表態也越來越清晰。北京已經宣佈國家安全立法,港獨主張者不但沒有機會看到自己的理想主張實現,還可能因而觸法,陷入牢獄之災。

　　港獨作為一種政治論述,其實背叛了香港的歷史與香港幾代人的感情。今天年輕一代在一兩個「輿論領袖」的鼓動下,毅然要推出與十四億中國人對抗的

政治綱領，但卻完全沒有實現的條件，而只是任性地煽動中小學生去投入街頭暴力，擲燃燒彈，禍害整個城市的發展，也違反現代法治社會的文明原則。

李啟迪作為年輕的精英分子，秉承專業的法治素養，當然對於這樣違反法治的暴行感到不安。他和一些支持街頭抗爭的律師過去以為暴力只是「偶然」動作，但卻沒想到暴力長期持續，刺激他們反思，暴力砸爛港鐵與商店，肯定違反法律的專業認知，因為任何的政治主張都不能違反文明底線，也不能陷入為求目的、不擇手段的漩渦。

港獨的另一個問題就是甘為美國霸權主義的幫兇。當美國總統特朗普面對美國全國示威抗議警察暴力之際，香港的那些支持特朗普的港獨示威者就陷入人格分裂、茫然不知所措的境地。那些前往美國當局公聽會、要求美國政府對香港實施制裁的人，其實也在損害香港人的利益，違反港獨「香港優先」的信條。

李啟迪肯定看到香港在中美的大國博弈中，成為身不由己的磨心，也成為美國的棋子。但在美國外交史上，當棋子的命運都很悲慘，中東的利比亞、庫爾德族人等都曾經被美國出賣，「用完就丟」，若不在

關鍵時刻警醒，只有不斷成為美國權力消費的對象。

如果香港年輕一代肯認真面對自己的歷史，就會發現依賴美國或列強來實現本土優先的主張，只是一種虛妄。香港很多年輕人由於中學取消了中國歷史課程，導致他們對中國的基本史實也毫無認識，而往往被一些「網紅」似是而非的論述誤導，將中國歷史妖魔化，將中華民族近代抵抗列強蹂躪的歷史加以扭曲，說成這是對中國有好處，形成新一代的虛無主義史觀，被別有用心的政客所利用。

但香港民間社會對中國的感情，其實都不會被這些「去歷史化」的一代所埋沒。香港歷史不會忘記近代中國的風起雲湧是和香港息息相關。辛亥革命的興起、推翻滿清，其實與香港的獨特角色有關。

如果沒有香港，就不會有孫中山與「四大寇」等先驅性的行動，也不會有中華民國的建立。香港扮演了近代中國啟蒙與變革的核心角色。一九二五年省港大罷工，展示香港人反對帝國主義的力量，不容英國殖民主義在神州大地肆虐。抗戰軍興，國共兩黨的間諜組織，都曾經在香港與汪精衛的力量周旋。張愛玲的小說、李安拍成電影的《色，戒》，寫出香港大學

學生在陸佑堂演出抗日話劇的故事。港人組成的東江縱隊更是香港重要的抗日游擊隊，寫下多少可歌可泣的篇章。

二戰之後，香港人面對英國殖民地政府的統治，先後爆發「中文合法化運動」、抓高級警司葛柏貪腐的案子。七十年代初，全球波瀾壯闊的保釣運動，核心力量也是從香港開始，並延伸到台灣與北美，影響了中國保衛領土的決心，避免釣島被美日吞噬的命運。這些有血有肉的香港歷史，遺憾地，都不是今天香港年輕學子所熟悉的歷史，他們反而從反對國教運動後，就被別有用心的力量灌輸種種妖魔化中國說法。一談到中國，就是血腥、貪腐、無能與噁心，而看不到中國最新的變革。

最讓人痛心疾首的是，港獨勢力不但反對執政的共產黨，還針對中國大陸的老百姓，在香港發動「驅蝗行動」，搞一個「黃色經濟圈」，排斥說普通話的顧客，違反了香港開放自由的傳統，也違反了國際文明通則。

李啟迪的反思與抉擇，反映一些曾經被誤導的香港精英，終於走出港獨的怪圈，走出那些「非歷史化」的論述，發現自己的未來，肯定與神州大地結合在一

起。這也是梁任公的精神，「不惜以今日之我與昨日之我戰」，為中華民族的進步與繁榮，作出自己應有的貢獻。

香港自由派・假新聞・右翼民粹

香港自由派不少是黃絲帶陣營，他們痛恨北京當局，追求自由民主法治人權，但最後卻與右翼民粹勢力結合，不惜陷入「假新聞」的漩渦，失去了一個真正自由派辨別是非的能力，失去了「知識的真誠」，也導致香港反對派陷入「假大空」的悲劇中。

最明顯的是他們對香港一些「假新聞」的看法，例如堅持說地鐵太子站死了很多人，都是示威民眾被警察殺害，秘密處決，送到不知名的地方掩埋。但到最後，指控者沒有任何死亡名單，也無法提出任何失蹤人口。但這「假新聞」已經深入民心，在網絡上傳播甚廣，很多 KOL（意見領袖）都信誓旦旦，咬牙切齒，覺得「不可能不是真的」。但卻沒有任何證據，也沒有任何死者的家屬出面。但很多的狂熱群眾還是前仆後繼，在太子地鐵站外設置靈堂，獻上鮮花，成為一種集體的自我催眠。

另一條「假新聞」也在自由派當中深入民心，就是少女陳彥霖自殺事件，說她是被警察輪姦而死，是

裸體在海上被發現，但驗屍報告沒有性侵的跡象，而她的母親也作證說她患有精神病，曾經有自殺的記錄。但網絡上的假新聞反而說這母親是假的，是警察找來的演員。於是「仇警」的論述就可以不斷延伸，成為很多年輕人敵愾同仇的凝聚力。

還有香港科技大學學生周梓樂之死，他是從一個停車場失足墜落而死，但假新聞卻指警方有意耽擱救援，讓他失救而死，因此也向警察發動抗議，成為黃絲陣營仇警的重要依據，由於沒有證據，都是信者恆信的假新聞。

但在美國，自由派媒體對於右翼民粹團體所炮製的「假新聞」，卻越來越警惕。《紐約時報》曾刊登一篇詳盡的調查報道，揭開法輪功報紙《大紀元時報》的內幕，指出它全力支持特朗普，左右美國大選的投票行為，在網絡上傳播被質疑為假新聞的信息，包括說新冠病毒來自武漢軍方實驗室，但卻沒有證據。

這都顯示自由派的自我反思能力，不能因為這些媒體是反中仇中，就擁抱假新聞，而是要具體情況具體分析，一切靠證據說話。事實上，在這次美國大選中，右翼民粹的力量都在不斷散播假新聞，例如說新冠病

毒是微軟老闆比爾・蓋茨有意製造，以推銷他所製造的疫苗來賺取暴利。另一個光怪陸離的假新聞是指控拜登與民主黨高層都在經營一個兒童色情網絡，剝削很多可憐的兒童。這都是彌天大謊，但卻有很多基層的白人相信，因而成為了投票給特朗普的關鍵選民。

其實假新聞背後的動力就是一種虛無主義（Nihilism）的哲學，一切都是但求目的，可以不擇手段。在右翼民粹的眼中，在香港一些極端反對派的眼中，只要是為了打倒北京當局，甚麼手段都可以用得上，所以他們編造謊言，根本不在乎真相是甚麼。

但這嚴重違反了自由派的哲學原則。自由主義思想的宗師之一是英國知名哲學家羅素（Bertrand Russell），若他面對今天香港與美國的亂局，他肯定會對此大加批判，指出不能因為反共仇中，就造謠自欺欺人製造不實消息，失去了「知識的真誠」。

造謠自欺欺人，其實是一種哲學的墮落，變成了自由主義者最瞧不起的行為方式，就是扭曲真實來攻擊你的對手。

過去兩年間，香港變成了被顏色分割的社會。尤其黃色經濟圈的概念，左右不少年輕的心靈。他們在

自己的圈子怡然自得，畫地為牢，在網絡上的同溫層中圍爐取暖。這造成了香港社會的板塊化，每一個板塊像一個孤島，孤懸在網絡的海洋中，迷失在自己建造的沙灘城堡中，看不到時局正在急遽的變化中。

美國的變化是一個不容忽視的參考點。儘管一些極端的港獨勢力在示威中高舉標語，要求美軍登陸統治香港，但香港人絕大部份都了解這是錯誤的訴求，因為這大半年以來，他們目睹美國的疫情不斷惡化，死亡人數迄今高達六十萬，創下世界紀錄。如果由美國總統來統治香港，那麼香港就會死更多的人。

這也使得香港那些高舉美國國旗的示威者清醒起來，不再是唯「美」是從。從比較政治學的角度來看，香港很多黃絲極端組織就和美國極端組織 QAnon 類似，都是沉溺於一大堆陰謀論中，讓自己的暴力行動更能站得住腳。簡單的說，就是將對手全面妖魔化，說成是萬惡的怪魔，因此就可以用上最厲害的暴力來對付。

但美國右翼民粹的這種套路越來越被人看破，這些招式的前提就是謠言，透過網絡傳播，但基本事實被細心查核後，都被發現是荒天下大謬的謊言。如今

法輪功媒體被美國自由派主流媒體用顯微鏡來檢驗；臉書與 YouTube 也開始對這些謠言加以驗證，不容許濫用言論自由來散播不實的信息。這是一個現代化社會文明的基本要求，也是香港黃絲陣營開始反思的第一步。

香港「流水革命」失敗的檢討

　　為何香港反修例運動最後會失敗告終？這運動被英國《金融時報》冠以「流水革命」（Water Revolution）之名，認為參與的群眾用了李小龍的技擊哲學「如流水也」（Be Water），強調水無常形，可以堅如冰，也可以飄如霧，進退難以掌握，是克敵的最佳策略。

　　但在現實的世界裏，流水革命的參與者正在深刻自我檢討，因為他們如今已經是「一灘污水」，或是「一池死水」，在香港越來越被邊緣化，樹倒猢猻散，在新冠疫情與國安法推出後，流水革命分崩離析。逃亡到台灣的十二人被中國大陸當局在外海抓獲，但最讓人不解的是五位已經逃亡台灣的香港人至今還是下落不明，台灣當局拒絕透露他們的去向，更令運動中人心寒。

　　最讓「流水革命者」痛苦的，則是失去了源頭活水，來自海外的巨額資金都已經被堵住。三軍未動，糧草先行，如今沒有資金的支援，就難以為繼。廣東話諺語所說的「有水過水，無水散水」，正是最生動

的寫照。

　這一場有不少年輕人參與的運動為何最後失去了民心，變成了一場鬧劇？運動的初心，本來就是要爭取香港的民主自由法治，確保香港的人權。這是香港的主流民意，但不旋踵間，卻質變為一場恐怖主義運動，不但將立法會砸爛，還焚燒地鐵站，毀壞商店（包括美資的麥當勞與星巴克），投擲汽油彈，活活縱火點燃不同政見的市民，這都與「反送中」沒有任何關係。那些興奮的參與者陷入暴力的狂歡，認為可以推翻香港特區政府，乃至可以將動亂延伸到神州大地。他們在西方媒體的報道中，成為「民主鬥士」，但在香港一般老百姓的眼中，卻是一群「黑色暴徒」，破壞了香港的和平與繁榮。

　更讓人髮指的是那些背後的「大人們」，有些是才高八斗的公共知識分子，但他們卻沒有基本的「知識的真誠」（Intellectual Honesty），對於那些傳播甚廣的謠言，不敢戳破。在黃絲陣營中，太子地鐵站警察殺死人是一個「神主牌」一樣的「事實」，儘管沒有任何的證據，也沒有任何失蹤人口與死亡的報道，但卻仍然成為黃營牢不可破的「記憶」。那些在課堂

上與媒體上強調要尋找「真相」的意見領袖都對此不敢置一詞，雖然他們內心深處明明知道這是一則謠言，但他們覺得相信謠言的「民心可用」，因此就對此含糊以對。

這就是香港的悲哀，謠言政治成為反對派的主旋律，自欺欺人，也企圖扭曲歷史，但謊言的血腥卻改不了墨寫的事實。網絡上的集體自我催眠成為流行的遊戲，參與者在社交媒體中，圍爐取暖，形成一個「回音壁」（Echo Chamber），自以為是救贖世界的超人英雄，他們有些人穿上了美國超人漫威電影中的「美國隊長」的衣服，想像自己就是那位打不死的大英雄。這是一場自欺欺人的「角色扮演」（Cosplay），但卻要讓廣大市民付出巨大的代價。

香港失去青年一代，還是青年一代失去了香港？香港很多年輕的「攬炒派」沉溺於投擲汽油彈與焚燒地鐵站，在二零二零年的中秋節與「十一」國慶的假期中，他們在銅鑼灣等鬧區發動抗議，要重溫月前的暴力行動，但這次警察嚴陣以待，多區共拘捕八十多人。

問題的深層思考在於如何讓香港新一代找到生命

的出口，而不是在街頭燃燒青春，也不是在暴力中害人害己。必須重新尋找回民主派的初衷，堅持「和平、理性、非暴力」的路線，不要讓攬炒派持續損害香港的政治改革，而是要讓「和理非」的理想與手段，重新回到政治的主流。

客觀上，更積極的做法還是尋求一個結構上的改革，讓香港的年輕人有新的出路。特區政府必須一手硬、一手軟，就好像香港一九六七年的暴動之後，除了嚴厲對付犯法之徒，也開始啟動社會改革，七十年代在公屋、社會福利和青年服務方面，都揭開新的一頁，也讓市民有一種煥然一新的感覺。當時的香港總督麥理浩（Crawford Murray MacLehose）為此推動改革大業，成為香港歷史上最為人稱道的社會變革。政治上的紛爭不要只是糾纏在政治的死胡同中，而是在社會的政策上另闢蹊徑，開拓一個全新的藍海，讓市民豁然開朗，看到別有洞天的世界。這也是管理學上所強調的藍海策略（Blue Ocean Strategy）。當年的麥理浩可以如此，今天的林鄭月娥難道不可以？這是流水革命失敗後的深層檢討，讓更多的香港年輕人信有明天。

香港的仇恨文化沒有未來

香港城市大學一名大四的蔡姓女生自稱「Made in Hong Kong」，二零二零年九月間對一名來自大陸的女生施加肢體暴力與言語暴力，不僅動作上施暴，還咒罵她是「大陸妹，嚟做雞」（粵語：大陸妹，來做妓女）。事後她被警方拘捕，並被學校當局禁止進入校園。

這其實不是一個單一事件，而是今天香港大學校園的歪風，爭取選舉民主與反修例事件，在一些別有用心的媒體與網絡言論的挑撥下，已經淪落為「仇恨中國人」與「仇恨中華民族」的一股歪風。這是徹徹底底的墮落，讓本來是要保障人權、百花齊放的校園，變成了赤裸裸歧視某一個群體的溫床。

僅僅是幾週前，香港大學也出現一個視頻，對大陸學生和中國加以羞辱，引起輿論大嘩，儘管後來拍攝者向外道歉，但那種惡毒的傷痕已經造成。尤其是有些學生與老師其實是暗中贊成，私下稱快，讓人懷疑這所亞洲的名校為何墮落如斯。

這都因為香港號稱「黃營」的反對派將本來爭取民主自由的運動，逐漸轉移為港獨與仇中的運動，公然歧視來自中國大陸的一切。他們發展出一種港獨論述，說中國大陸的人民都是「萬惡共產黨的幫兇」，因此要一併打倒。

　　而香港一些自稱「公共知識分子」的網紅也在推動一個「黃色經濟圈」，說要與中國大陸的顧客絕緣，不歡迎說普通話與來自中國大陸的旅客，排斥任何不認同港獨政治理念的顧客。但這立刻成為自我打臉的一大諷刺，因為這些餐廳與商店，無論是水龍頭的食水，還是電力供應，都是來自中國大陸，如果真要搞一個「黃色經濟圈」，就應該自我斷水斷電，也不要買任何來自中國大陸的食材，否則就是自欺欺人。

　　香港中學近年推行「通識教育」，強調要爭取民主自由，而一些名嘴乘機在學生群體中灌輸「違法達義」的思想，認為香港要達到全民普選，就需要不惜一切的手段，去實現「偉大的目標」。這包括了投擲汽油彈，燃燒地鐵站，堵塞公路。但最令人髮指的就是對不同意見的市民的無情攻擊，包括對活人縱火焚燒。這都是香港歷史上空前的恐怖主義行動，但在一些黃營媒

體與自媒體，卻加以歌頌，美其名是「私了」。一些年輕人在這樣的輿論氛圍下，還認為暴力是替天行道，因為他們背後是一套鋪天蓋地的論述系統，在手機上每天的傳播中，展現「回音壁」的效果，形成了崇拜暴力、不問是非、只問立場的怪現象。

這些暴力的怪現象卻在國際上被美國當局與一些議員所讚歎，被美國眾議院院長佩洛西描述為香港「一道美麗的風景」，那些在香港燃燒美國連鎖店星巴克和麥當勞的暴徒，還被美國國務卿蓬佩奧說成是「民主鬥士」。但歷史的報應是，僅僅是一兩個月後，美國陷於種族主義所引爆的暴亂中，眾院議長佩洛西就對暴力分子加以譴責，而美國司法部長巴爾甚至說要對參與暴亂的國民用叛國罪來起訴。

但最讓人震驚的是，特朗普政府最新對付暴亂的方法，就是要地方政府負起「連坐」責任，要求紐約、波特蘭等城市要為當前的暴亂負責，指出這是地方政府縱容所致，威脅將會剋扣聯邦政府的撥款。但這也引來這些地方首長的強烈反彈，指出這是特朗普的選舉操作，並且違反美國憲法。這引爆了美國政壇的激烈爭辯，也成為美國大選的議題。

因而香港的形勢其實是美國的一面鏡子。美國聯邦當局無所不用其極來鎮壓暴亂，卻對香港的暴亂全力支持，並且背後也涉及不少資金的操作，「大開水喉」，讓香港的暴亂分子有恃無恐。這是明顯的雙重標準，也是美國在國內外流失道德權威的典型例子。

　　香港的未來還是要靠香港人自己來打拼，搶回城市發展的話語權，不要由別人來定義暴力才是「一道美麗的風景」，而是要堅持「和平、理性、非暴力」（簡稱：和理非）路線。這本來是香港民主改革的主流，但近年被一些激進勢力污名化，讓當時泛民主派內部提倡「和理非」的派系心灰意冷，不斷被排斥，最後慘遭邊緣化。

　　歷盡劫波，香港人越來越覺得，必須重返「和理非」的路線，才能回到道德的高地，才能得到更多港人的支持，而不是在一些激進「黃絲帶」的圈子內自嗨。暴力路線只能蠱惑一些無知的年輕人，但也勢將葬送了他們的未來，並導致主流民意的極大反感。網民也揭發，那些鼓吹「違法達義」的領袖，從戴耀廷到黎智英，他們的下一代從來都不會參加這些暴力行動，而只是讓「別人家的孩子」去衝鋒陷陣。這是非

常不道德的行為，難怪越來越被輿論譴責。

　　仇恨文化沒有未來，那些鼓吹暴力鬥爭、歧視與排斥中國大陸民眾的做法最後都失去人心，也面對國安法的制裁。美國的暴亂也是香港的鏡子，都要面對公權力的嚴厲措施，也要面對主流民意期盼安居樂業的要求。遠離暴亂，就好像遠離毒品，都是從香港到美國的共識。

香港政治呼喚忠誠反對派

　　參選香港立法會選舉的泛民候選人，共達十幾名被褫奪資格（DQ，Disqualified 簡稱），同時，立法會九月選舉，也被延遲一年舉行。這都引致泛民陣營措手不及，他們咬牙切齒的批判，認為這是香港林鄭月娥政府的奸計，是共產黨施壓的結果，破壞了香港的民主自由法治，是大逆不道的行徑。

　　在香港疫情失控的情況下，北京決定派遣醫療檢測隊伍來港，為更多市民做免費核酸檢測，找出社區感染的源頭。由於目前港府檢測能力有限，北京的措施，儘管面對少數別有用心的組織反對，但卻受到絕大部份市民歡迎。這都顯示香港的政治亂局，在中央出手後，逐漸走向穩定的局面。

　　從國際標準來看，泛民這些候選人被 DQ 其實是理所當然，因為他們基本上不認同中華人民共和國在香港的主權，力圖在香港顛覆政權，讓這個城市「不能管治」（Ungovernable）。這樣的選舉參選人，在任何政治系統都會被 DQ。美國的議員參選人會說參選的

目的就是推翻美國政府嗎？會不承認美國憲法嗎？這其實是政治 ABC，但香港泛民的一些政治人物長期以來被某些激進主張迷惑，自我催眠，自我洗腦，造成自我邊緣化的局面。

但當前泛民的困局反而刺激反思，如何藉此機會扭轉敗局。最好的方法其實就是回歸「忠誠反對派」（Loyal Opposition）的概念與實踐，扮演好民主制度下一個反對派的最佳角色。這也是英國政治的真諦，反對黨在國會內對執政黨加以反對，盡一切能力將對方拉下馬，由自己執政，但所有的行為都恪守憲政的原則，尊重國會的遊戲規則，尊重英國傳統政治文化，而不會撒賴或破壞議會規則，也不會搞出肢體衝突、上演全武行的醜劇。

這樣的反對黨，在民主政治的框架下面，被稱為「忠誠反對派」。

在香港立法會的體制下，其實絕對有條件建立一個民主政治的體系，針對香港公共政策問題，加以辯論，匯集各方不同的利益，也凝聚城市智慧，增進香港人的福祉，樹立一個民主的典範。但泛民勢力在一些激進勢力的蠱惑下，卻誤入歧途，將問政的方向上

綱上線，要質疑「一國兩制」中的一國，要挑戰一國的權力邊界，甚至是煽動群眾暴力，將整個立法會砸爛，或明或暗地支持港獨，最終面對一國勢力反彈，陷入失去政壇入場券的困境。

這也是反對派理論建設的失誤，高估了自己的勢力，低估了一國的力量，錯估了群眾的智慧，被激進勢力牽着鼻子走，也甘心被外國勢力所利用，挑戰任何國家都不會姑息的政治符號的問題，公然讓外國的國旗成為自己隊伍的標誌。反對派的理論核心，以為用一些非常的手段，大鬧天宮，在會內大吵大鬧，加以「拉布」（拖延表決，Filibuster），背後的理據就是要「增加政府的管治成本」，讓特區政府受到強大的壓力，簽下城下之盟，要答應反對派的條件，否則就讓這個城市無法運作。

這是泛民等議員的如意算盤，不僅要癱瘓議會，最後還要癱瘓整個城市，讓香港街頭遍地烽火，認為這樣林鄭政府非要投降不可。

反對派高估自己，是因為他們覺得自己掌握主流媒體與自媒體。連香港政府全資運營的香港電台都被反對派控制，每天都以批判港府與北京當局為主旋律，

而以《蘋果日報》為首的媒體，再配上一些網紅的自媒體，都在推廣一個「黃色媒體圈」，企圖掌控香港政治的話語權，尤其是一些學校通識科老師都是「深黃」，影響一些學生走上街頭堵路，焚燒地鐵站，破壞公路，投擲汽油彈，儼然發動一場革命。

但這樣的革命不得人心，無法獲得香港多數民眾的支持，最後在當局的強硬手段下被鎮壓，香港恢復穩定，而外國的干預，在國際媒體上將香港貶損，然而這樣的論述，與居住在香港的外國人的切身體驗相反，最終也失去動力。尤其是與美國的動亂與警察的鎮壓比較，香港更是小兒科，更使得反對派的正當性流失，成為飄遠了的喧囂。

但如果「復盤」整個香港的反修例暴亂事件，發現這是一宗「愚蠢的誤會」，反對派陷入戰略失誤，讓對手中國共產黨反而佔了民意制高點。因為無論是香港的民意還是中國大陸的民意，反對港獨都是絕大多數。香港的反對派選擇了錯誤的路徑，葬送了改革進步的彈藥，讓「港獨」這個「假議題」被吵到最高點，但卻無法收穫民心，陷入形象的最低點，最終成為民主政治的「局外人」。

要改弦換轍，就要回歸民主政治的基本面，從一個「忠誠的反對派」做起，承認自己是中國人的身份，投身香港城市的變革，吸取中國大陸最近全力發展的智慧城市的優勢，提升香港人的幸福感，追求張愛玲所說的「歲月靜好，現世安穩」的境界。

香港公務員語言政治與政治語言

　　儘管香港回歸已經二十四年，但香港統治階層的公務員系統，主流語言還是英文與廣東話，無法流暢使用普通話（中國國語、華語），導致十八萬香港公務員與十四億中國人民的語言脫節，往往和中國大陸官員交流的時候，難以暢所欲言，甚至出現有些香港高層官員去北京與官員溝通時只講英文，須準備現場翻譯，成為政壇尷尬的笑柄，但也折射出香港在「脫殖民化」過程中的荒腔走板，需要深刻反思。

　　關鍵是香港回歸後，強調一切如舊，避免引起任何的震盪，因此在教育系統和官場的權力機制，都沒有對語言問題作出根本性的改變。如香港中小學的中文課，絕大部份還是沿用舊習，用廣東話來作為教學語言，對普通話卻沒有任何的硬性要求。而學校的普通話教學，就好像學第二外語，每週只有一兩堂課，中學畢業後說普通話還是「欲說還休」，無法說得流利。

　　而在公務員系統，即便回歸了，但英文能力仍是

升遷的主要標杆。普通話行不行，並沒有太大關係，因此一些高層公務員並沒有用普通話參與辯論溝通的能力。這使得他們在和中國官員溝通時，往往要先自我貶抑一下，說「對不起，我的普通話很普通，請大家包涵」等等⋯⋯這差不多成為香港官員講普通話時的「開場白」。

但在語言的背後，其實是香港公務員對中國國情的無知，對於一些基本的地理與歷史常識都不懂，如中國不同省份的省會、不同城市與省份的簡稱等，在台海兩岸中小學生都知道的，但在香港卻是迷迷糊糊，搞不清楚。香港的公務員大多對中國大陸的風土人情、歷史淵源都一知半解，或是完全沒有概念。

也就是說，香港雖然是名義上的中華人民共和國的特區，但統治階層對於五星紅旗背後的權力結構與歷史都懵然不知。普通話不能講，只是一個表徵，背後才是問題的癥結，一個龐大的行政系統，對於權力結構的基礎，都沒有任何現實的連結。

這其實是香港公務員系統的權力痛點。他們不少還習慣港英時期的氛圍，崇尚英文多於普通話，熟悉西方多於了解中華大地。

但更重要的是，他們的價值觀還往往從一個俯視的眼光來看中國，認為香港是一個比中國大陸更現代化的城市，因而在潛意識裏有一種優越感，認為中國大陸是一個貪腐橫行、污染遍地、公共建設亂七八糟、到處都是豆腐渣工程、毒奶粉的國家。他們以香港的一切為榮，而鄙視中國大陸的一切。

　　然而過去十年間在神州大地的劇烈變化，早已顛覆了這種刻板印象。但香港很多公務員無法與時俱進，不了解為何一個昔日被他們所看不起的中國，如今卻舊貌換新顏，展現不一樣的動力，成為全球的「基建狂魔」，在高鐵、高速公路、橋樑、隧道等建設上都冠絕全球，而在這次新冠疫情中，更發揮組織化社會的優勢，最早消除疫情，恢復生產，成為全球經濟發展最蓬勃的國家。

　　其實過去這七八年間，港獨理論的理據就是要「妖魔化」中國大陸的一切，他們不僅批判中國共產黨，並且批判中華民族，認為中國人就是落後、貪腐與愚昧，而香港人是不一樣的「種族」，因此可以從中國獨立出去。

　　某些香港人的「自我膨脹」心態也蔓延到公務員

系統，在香港城市的規劃中，暴露無遺。例如近期引起輿論關注的沙嶺「超級殯葬城」風波，就是如此。

香港特區政府經過十多年的規劃，在香港與深圳邊境處建立一個火葬與殯葬的大型墓園，造成深圳繁華的福田地區面對火葬場的煙霧污染。雖然深圳方面對此都已經提出強烈的反對，但香港特區政府對此還是置若罔聞，形成大灣區發展內部的矛盾。

到目前為止，林鄭月娥政府還是對此堅持己見，認為這已經是規劃了十多年的計劃，歷經所有的「程序正義」（Due Process）。但對於大灣區協同發展的問題，卻不去思考，對鄰近福田繁華地區的影響，也不予考慮，不去思考「以鄰為壑」的禍害。

即便林鄭最近在廣州與國務院副總理韓正會面，也沒有對此作出討論。按照中國政壇的習慣，最後還是需要由中央來作出調整，加以宏觀調控，才避免地區發展所引起的內部衝突。但更重要的是，每一個地區都需要有「大局」的觀念，不能小鼻子小眼睛，只看到自己的利益，而罔顧大局的需要。

這也是香港公務員要學習的政治語言，香港不僅是香港十八萬公務員的香港，也是十四億中國人民的

香港。香港的發展，也必須要符合中國的整體利益。香港的公務員要學好普通話，不僅要學習北京的語言政治，也要有全體中國人福祉的視野，不再囿於自己高薪的封閉系統中，只看到自己的肚臍眼，而看不到更遠大的國家前景。

警惕香港謊言政治後遺症

　　二零二一年香港的媒體都在企圖釐清兩年前黑暴事件的一宗謎團。當時國際媒體與香港的黃絲陣營都在大肆宣傳一位無辜的香港少女，被警察的「布袋彈」擊中，導致右眼爆裂，被冠以「爆眼女」之名。香港很多的醫護人員、教育界等團體都集體抗議，並且戲劇性地掩着右眼，展示對這位爆眼女的支持，也展示香港人對警察暴力的憤慨。但如今媒體發現，這位掀起巨大風暴的「爆眼女」根本就沒有「爆眼」，而是雙目晶瑩，早已在去年離開了香港去遊玩。由於她當時沒有報警，而警方去查她的記錄時，卻一度被醫管局內部加以隱瞞，甚至動用司法程序來阻止，這其間還牽涉到最近極具爭議的大律師公會主席夏博義（Paul Harris）。

　　當然，香港醫管局最新的辯護是後來已經將有關的驗傷報告交給了警方。但這引來更多的疑團，為何這位被視為「無辜」的女子的名字與真實傷勢都被隱瞞。一般來說，香港車禍與意外事件的受害者傷勢與

名字都是新聞的公開信息，但如今牽動刑法責任的傷勢卻是以「隱私」之名，被所謂專業團體刻意遮掩，可說是咄咄怪事。越來越多的輿論指出，這其實就是用一則「假新聞」來破壞警方的形象，掀動暴亂，涉嫌違反港區國安法。

在黑暴肆虐期間，香港社會充斥着大量的「假新聞」，作為反對派黃絲陣營的宣傳工具。這包括太子地鐵站有十幾人被警察殺害，有些民眾長期堅持在地鐵站外設立靈堂拜祭。當然，還有造謠說警察在新屋嶺輪姦被捕的示威女性，以及一位中文大學學生公開說她被警察性侵，但後來被查出全無證據，都是信口開河，含血噴人。但這樣的謠言卻在香港與國際上傳播很廣，損害香港警方與香港的城市形象，成為一道有待撫平的「謠言傷痕」。

這就是香港當下政治的悲哀，謠言編織的信息系統，成為很多自認為正直、充滿理想主義的香港人的「回音壁」（Echo Chamber）。他們「義憤填膺」，要為「無辜遇害」和「被輪姦」的港人討回公道。但不少人至今都不知道他們原來是被「假新聞」所誤導，被一些躲在社交媒體上的「名嘴」所利用，在謊言的

世界中迷失了自己，也失去了對真相判斷的能力。

因而香港人的信息結構改變了他們的價值結構，而最後改變了這個城市的面貌，陷入高度意識形態的漩渦中，不斷去鑽牛角尖，將香港警方、特區政府不斷抹黑，全面妖魔化，製造香港已經變成了「人間煉獄」的國際形象。

這樣的妖魔化過程，也和戀殖勢力與港獨組織密切配合，認為香港「今不如昔」，懷念香港殖民統治時期的「古老的好時光」（Good Old Days），提倡香港要走向獨立才是出路。

但這樣的倡議與歷史不符，也與現實矛盾，因為絕大部份的香港人都知道，殖民時期的強勢，包括「華洋同工不同酬」、英國殖民高官都有更多的特權，曾經讓香港第一任華人檢察官余叔韶（Patrick Yu）辭職抗議。而貪腐的港英警官葛柏（Peter Godber）在香港斂財無數，但即便在東窗事發之後，被廉政公署從英國抓回來服刑，但只坐牢兩年就被「放生」釋放，移民西班牙，逃過巨額民事賠償的訴訟。七十年代香港如火如荼的保釣運動也曾被港英的威利警司（H. N. Whitlely）暴力鎮壓，將保釣群眾毆打，都顯示港英統

治的高壓暴力。

　　將殖民歷史美化，和今天的謊言政治一樣，都是對人民智慧的侮辱。回歸前的歷史與今天的最新現實都要消除謊言，揭開那些曾經「眾口鑠金」的論述真貌。

　　今天香港在國安法的實踐下，讓黑暴絕跡，但當年黑暴論述的後遺症還在，香港人絕對不能掉以輕心，要撥亂反正，讓香港人不要生活在謊言政治的陰影下，要讓被顛倒的歷史顛倒回來。

香港房地產飆升的雙刃劍

在疫情的陰霾下，香港房地產最近半年以來卻不斷飆升，從新盤到二手房屋都氣勢如虹。政治上，這是利好消息，展示香港的前途看好，投資者對香港的未來投以關愛的眼神，恰好抵消了西方對香港政治「妖魔化」的力量。尤其是黃絲媒體都在強調，這一年來有幾萬名香港人移民英國、美國與台灣等地，很多人要售賣香港的房地產，連根拔起，與香港告別，但客觀的現實是，香港的房地產供不應求，無論新舊房屋都需求孔急，造成價格飆升，成為咄咄怪事。

但地產價格是一把雙刃劍，政治上向全球展露香港的信心指數高漲，戳破了西方唱衰香港的謊言，顯示香港的未來受到資本的肯定，也支撐了內部市民的信心，讓有產者樂觀爆棚，覺得自己選擇在香港定居是正確的決定。但利刃的另外一邊，則刺向香港貧富懸殊的社會，讓底層與中下層「無產者」的不滿，上升到歷史的最高點。他們發現租金越來越高，而排隊等候公屋的隊伍越來越長。特別是在疫情之下，香港

的失業率也飆升，服務業如觀光旅遊、航空業等，復工遙遙無期，很多家庭都要面臨無米之炊，有些青壯者還可以去送外賣，但老弱者往往束手無策，很多還是在底層掙扎。

飆升的房價等於雪上加霜，讓他們感到在香港這座城市難有立錐之地。這也是地產霸權 VS 無產階級的困局。在新自由主義盛行的香港，似乎一切都以市場機制為重，房價的升跌只是反映供求的變化。地產集團的巨大利潤被視為天公地道、物競天擇，靠房地產投資發財，證明投資眼光的精準。很多香港精英都是以此自豪，驕其同儕與妻兒。

但越來越多的經濟學者指出，香港政府的政策長期以來都是向地產集團傾斜。由於香港政府的財政收入大多來自房地產的稅收，因此政府和地產商之間，是一種奇特的「共犯結構」，彼此支援，共同發財，但卻以底層的無產者為芻狗，讓他們生活在「劏房」中，一家幾口住在一百多平方呎的空間，而每一方呎的租金價格往往高於豪宅，等於是越窮困越容易被剝削，成為世界醜聞。

這源於香港政府的「懶政」，長期不肯面對這種

讓香港市民窘迫的困局。曾蔭權政府之後，停建公屋，讓底層市民要面對「居者無其屋」之痛，變成了被地產集團蹂躪的「沉默的羔羊」。

但地產霸權的「共犯結構」，還包括很多早已買了房子的中產階級。他們都是地產霸權的支持者，感激房地產價格的節節上升，讓他們成為百萬富翁與千萬富翁，甚至晉身中上階級或上流社會，分享香港地產經濟的紅利。他們都是堅決反對政府「打房」政策的先鋒，為保衛自己龐大的利益而奮鬥，也導致香港當局越是打房、但房價越來越高升的怪現象。

因而香港的階級矛盾越來越尖銳，底層民眾在疫情下加入失業大軍的行列，惶然四顧，發現香港這繁華之地，竟無容身之處，加上疫情導致封關，過去很多底層香港人還可以到大灣區另謀出路，或是回廣東老家投靠親戚，但如今咫尺天涯，與神州大地是「這麼近、那麼遠」，面對宏偉的港珠澳大橋，只有望橋興嘆。

儘管美國國務院在去年已經將在香港的偌大房地產出售，似要證明要從香港撤退，但民間的企業卻有完全不同的判斷。週前香港的美國商會（American

Chamber of Commerce）就斥巨資購買中環的鑽石會大廈高層，造價逾八千五百多萬港幣（約一千多萬美元），就反映美商對香港的信心與樂觀的判斷，認為香港還是全球最佳的營商之地。

但在可見的未來，香港的房地產狂潮還在繼續，因為這帶來很多既得利益集團的龐大利益，而底層的痛苦，成為香港不穩定因素，必須高度警惕，不能掉以輕心，讓房地產的狂歡持續。期盼香港當局加速興建公屋，提出更多的補救政策，救民於倒懸。「安得廣廈千萬間，盡庇天下寒士俱歡顏」，唐代詩人杜甫一千多年前的歷史嘆息，還在今天的香港上空迴盪，拒絕成為無奈的嘆息。

防疫須警惕種族主義病毒

在中國全力反擊新冠病毒之際，國際上卻出現一些「睽違已久」的種族主義論調，說這次新型的冠狀病毒爆發，顯示中國是「真正的東亞病夫」（Real Sick Man of Asia）。這是美國《華爾街日報》（*Wall Street Journal*）言論版的文章，作者是美國邦德學院的教授米德（Walter Russell Mead）。他說中國其實正在崩潰的邊緣，金融系統比武漢華南野味市場更危險，而這都因為中國的經濟飆升難以為繼，最後走向負面的結局。

這是一篇充滿傲慢與偏見的文章，對於中國現狀與未來的判斷都沒有足夠的論據，而只是重複一些陳腔濫調，言論自相矛盾，一方面認為中國的經濟終會崩解，另一方面又對中國經濟繁榮感到驚懼，字裏行間，對中國的崛起充滿恨意。

這文章也引起全球華人的警惕，因為「東亞病夫」一詞，其實是十九世紀以降，西方帝國主義與日本軍國主義常用的論述，用來指稱當時中國的積弱，人民身

體衰弱，精神面貌萎靡，因而只有由西方或東方的現代化強國來殖民統治，才是最佳的出路。從鴉片戰爭到日本全面侵華，都是以這種「東亞病夫論」為鋪墊。西方帝國主義的說法強調這是「白人的負擔」（White Man's Burden），是英國詩人吉卜林（R. Kipling）的提法，說出帝國主義者的宏大理想；而日本軍國主義則認為這是「解放亞洲人民」的神聖任務，讓皇軍的鐵蹄可以在神州大地上馳騁。

港獨勢力近年也引用這些種族主義的思路來妖魔化中國。在香港的港獨示威中，常常出現「支爆」的字眼，就是借用日本極右言論，預測「支那內爆」，最終中國會崩潰，因而香港獨立就是最佳出路。這種思維影響一些香港年輕人，而在這次新冠病毒的疫情中，更加深了這些極端勢力「厭惡中國」的印象。

但這肯定與全球華人的主流價值觀相違背。恰恰是在七十年代李小龍的電影《精武門》中，就出現日本右派勢力拿着「東亞病夫」的招牌來羞辱中國人，被李小龍施展「李三腿」的絕技，踢斷這樣的辱華符號，高喊「中國人不是東亞病夫」，贏得全球華人的共鳴。

因而《華爾街日報》發表「東亞病夫」的評論，

引發極大的反彈。柏克萊加州大學族裔研究系的系主任蔡凱林（Catherine Cediza Choy）就指出，這是美國白人優越論者的濫調，認為病毒只是中國人才有，是歷史上美國白人歧視美國華人的理據。然而這種說法都經不起科學的驗證，其實是不折不扣的種族主義的論調。

病毒超越國界與膚色，不分彼此。在病毒之前，沒有人種可以比另外的人種「更不被傳染」。美國在二零零九年爆發 H1N1 流感，幾十萬人被感染，最後超過一萬兩千人死亡，西方媒體有沒有說美國是「北美病夫」或是「世界病夫」？十五世紀的西班牙流感導致千萬人死亡，但誰可以說西班牙是「歐洲病夫」？

其實防止病毒，就是要有科學的精神，超越一些迷信與不靠譜的「刻板印象」（Sterotype），更不能夠將種族主義加以「武器化」（Weaponization），用來作為打擊某一個種族的武器。

「東亞病夫」的提法是一種「種族主義」病毒，它源遠流長，但這樣的政治化操作扭曲了防疫的真面貌，成為一種政治的病毒，貽害全球。美國紐約唐人街附近的地鐵站最近就出現這樣的一個種族主義攻擊，

一名戴着口罩的華裔女性無端被一名白人攻擊受傷，這引起了紐約警方的警惕，憂慮這成為一種「仇恨犯罪」（Hate Crime），背後就是被扭曲的種族主義的歪論在蔓延。

而值得注意的是，美國一些政治勢力也在背後對這樣仇華的種族主義思潮煽風點火，以抑制中國崛起。儘管美國在國內對於種族主義問題其實非常敏感，但對外卻是不知不覺地鼓吹一種「傲視全球」的心理特質。這也因為總統特朗普所倡導的「美國優先」論不斷發酵，讓美國國家的精神層面都被這樣的自大與藐視別國的說法所污染。

毫無疑問，疫情的嚴峻是全體中國人必須面對的局面，也要有最壞的打算，了解這是長期抗戰，不是短期內就可以結束。但壞事可以變好事，只有在危險的逆境中，才會刺激全民在國內外奮發自強，對外力抗種族主義的病毒，不容百年前的帝國主義勢力抬頭；對內也要加強改革，力抗官僚主義的失誤與氾濫，不容言論自由與個人權力長期被扼殺，讓慘痛的疫情推動了變革的政情。只有內外合一，國家發展渾然一體，中國才可以更上一個台階，才可以迎向一個美麗的新世界。

瘟疫的政治與政治的瘟疫

　　新型冠狀病毒在湖北武漢的疫情，演變為全球性的恐慌。病毒跟隨着全球化的足跡，蔓延到幾乎是世界的每一個角落。一個城市的疫病，已經沒有了邊界，而是衝擊全球，引爆了國際性的議題。

　　這也立刻讓國際反華勢力找到最新的切入點，坐實了中國是全球一切壞事的罪魁禍首。「中國」二字成為一些國際輿論口誅筆伐的對象；武漢肺炎就是「死亡輸出」的代名詞。在鼠年春節之際，在中國人歡慶節日的當兒，卻面對中國的國際形象被恣意摧殘。

　　尤其在香港，一些在反修例活動中活躍的港獨勢力更視武漢肺炎為「天賜良緣」，為他們的反華活動添加柴火，認為這剛好使得他們長期預測的「支爆」（支那內爆）成為現實，也就是說，他們相信武漢肺炎將使得中國崩潰，而香港獨立就有可以實現的一天。

　　這將當前肆虐神州大地的疫病高度政治化，也盡量去挑起排外狂熱（Xenophobia），將中國的一切污名化。那些在反修例活動中活躍的人士更發動醫護人

員罷工，威脅港府盡速「封關」，禁止香港與中國大陸的人員往來，名義上是為了香港抗疫的安全，但骨子裏就是要將香港與中國大陸成為絕緣體，落實港獨的主張。

其實封關與否，應該是一個專業的決定，而不應該是挑動一種「仇中」的心態，更不能藉此來發動罷工，導致香港出現醫療危機的人道災難。

那些拿醫療資源做政治化運作的「勇武派」以為藉此癱瘓港府運作，收割政治利益，但最後會「害人終害己」，因為疫情惡化之後，若出現社區爆發，那些罷工者的父母、配偶、兒女和家人都可能被感染，最後卻由於醫院的半癱瘓狀態而失救，勢將自食苦果。

甚至是在疫病之外，本來計劃要做的手術都因為當前的罷工而被推延。這些受害者很多可能都是罷工者的親人，但為甚麼他們要被懲罰，被這些政治化的運動導致健康受損，甚至因此而送掉性命？

事實上，香港醫學界的有識之士已對此嚴加譴責，指出醫護人員罷工違反了醫學界的基本底線。香港醫學會副會長林哲玄醫生就在公開論壇上指出，罷工必須有底線，絕對不能傷害病人的利益，否則就是非常

不專業與不道德的行為。

防疫之道，肯定需要限制兩岸人員的流動。港府於二月五日宣佈，凡自大陸來港人士，無論是港人或內地居民，都須強制檢疫十四天。但香港「深黃」的港獨勢力要藉此斷絕陸港兩地關係，別有用心。借病毒之名，傳播比病毒更兇險的「政治病毒」，對社會的遺害更大。防止病毒的鏈條，需要積極找出新藥物治療，而不是「一刀切」的禁止兩地人員的往來。

不過在病毒的狂飆下，香港社會的理性思考已變成了稀缺品。一犬吠形，百犬吠聲。新型冠狀病毒質變成為一種政治病毒，侵入香港的社會軀體，扭曲了多少港人的心智。

倒是從整個亞洲的角度，卻有不少睿智的聲音，撥開香港政治病毒的迷霧。新加坡總理李顯龍就對新型病毒所掀起的政治歧視，予以譴責，指出這是一起國際公共衛生事件，不應該用一種充滿種族主義的眼光來看待，指出這不合邏輯，也不合國際規範。這位熟悉中西文化的新加坡領袖一語道破了當前瀰漫在香港與國際上的一些謬論，也為中國的抗疫打氣。這引起很多新加坡人的共鳴，因為新加坡人都曉得，西方

國家過去也有各種傳染病的例子，但都在國際聯手下解決，為何這次西方就要在中國抗擊疫情的關鍵時刻，落井下石，趁火打劫？

仇中的政治經濟學成為一種政治的瘟疫，污染很多人的心靈，甚至認為會導致中國的崩潰，在政治經濟上都難以持久。但這肯定誤判形勢，高估了「仇中主義」的勢力，低估了中國抗擊疫情的實力，也錯估中國經濟反彈的動力。其實從股市的指標，都可以看到中國經濟的強大勢頭，包括在上海設廠的特斯拉電動車（Tesla），股票價格一週內飆升兩成，讓美國原來看淡的經濟師的眼鏡片碎滿一地。這都顯示中美經濟的互補性，環環相扣，不是一些政治病毒所可以毒害的。而有關抗疫的藥廠的股價更因此而飆升，包括美國發明的治療新冠病毒的新藥瑞德西佛（Remdesivir）也緊急運送到中國，並且取得初步的療效。中美醫療的合作不僅拯救生命，也帶來無限的商機，展示中美兩國「合則兩利，分則兩害」的硬道理。

大難之後，中國肯定可以否極泰來，因為中國人善於檢討短板，發揮長板。在災難之後會總結治理模式，掃除各種公共衛生的隱患，也在組織管理與權力

監督上作出更多機制改革。禍兮福之所倚，塞翁失馬，焉知非福。新冠病毒奪走了一些人的寶貴生命，但也帶來寶貴的教訓，為中國更美好的未來作出了重要的鋪墊。

香港的諜影

　　香港是亞洲的卡薩布蘭卡（Casablanca）。香江諜影比北非諜影更詭譎離奇。在二零一九年香港的政治風暴中，媒體只是瞄準街頭的硝煙，但卻不曉得幕後「看不見的戰爭」，比幕前的博弈更複雜多變、更難以掌握。

　　毫無疑問，香港警察在這場風暴中正陷入空前的挑戰，因為街頭的暴力不再是刑事案件，而是別有用心的政治暴力，再加上動員的方式是網絡上的加密社交媒體，不能簡單的破譯，因而陷入一場「信息不對稱」的戰爭中。

　　街頭的戰爭，背後都有飄忽的諜影。在高度動員的世界裏，金脈與信息流都是決定勝負的關鍵，而香港的警察，回歸後就在這方面陷入「跛腳」的局面。殖民時期「皇家香港警察」規模龐大的政治部（Special Branch）已經消失。它過去監視可疑的人物，也在社會上廣佈線眼，掌握不同領域的一動一靜，對於重點的可疑對象，更是二十四小時的監控。

但回歸之後，特區政府以為一切四海太平，也四海歸心，取消了政治部，原來的編制都沒有了，昔日的檔案全部都搬到倫敦。結果警方在面對政治暴力的挑戰時，就像失去了眼睛和耳朵，看不見，也聽不見，在敵人猛烈的砲火下，只有挨打的份兒。

　　這也是歷屆特區政府的失職，讓香港變成了一個「不設防的城市」，各路諜報組織長驅直入，進佔香港社會的不同領域，從政府到商界，從專業人士到校園，成為一個國際間諜的天堂。

　　但這使得中國的國家安全陷入危險邊緣，讓市民輕易被牽着鼻子走。而更讓人驚訝的是，本來是香港政府守護神的香港電台，卻在「新聞自由」與「編輯自主」的口號下，被偷樑換柱，成為批判香港政府與攻擊北京當局最厲害的機構。也就是說，香港納稅人的錢，用來作為攻擊香港政府的經費，而香港當局卻是無能為力。

　　因而這次香港政治風暴，刺激特區政府與北京反思體制上的漏洞，如何讓到處烽煙四起的動亂，可以從根子上被消滅，而不是頭痛醫頭，腳痛醫腳，處處陷於被動，結果一個現代化的都市被不斷污名化，而

無辜的市民卻被政治暴力蹂躪，連去餐館吃飯，去買一杯咖啡，都要被迫分成不同的顏色，會被突然而來的黑衣人所襲擊。

也許只有重設警方內部的政治部，嚴查那些刁鑽的諜影，發現那些危害國家安全的暗黑勢力，才可以徹底制暴止亂，才可以還香港人平靜安樂的生活。

肢體暴力、假新聞、語言暴力

　　在二零一九年香港政治風暴中，讓人嘆為觀止的是奇葩的肢體暴力與語言暴力的結合，構築網絡上的奇觀。那些勇武派的街頭鬥士和躲在房間內的鍵盤鬥士互相結合，展現奇特的風景。

　　那些參與街頭鬥爭的鬥士已經形成了一種既定的模式，就是發動一個義正辭嚴、強調和平的大遊行，夫婦推着嬰兒車，出現不少中老年人，場面溫馨，站在道德的制高點，讓國際媒體動容。但一旦遊行結束，就有不少示威者進入另一個模式，變身為「死士」，衝進立法會大肆搗亂，將議員的檔案偷走，或是將商場變為戰場，將警察的手指咬斷⋯⋯

　　他們都穿着得像電影的專業演員，戴上密不透風的頭罩、面具、手臂上都是綁上了保鮮紙。他們配備了專業的工具，可以迅速地撬開了街道上的磚頭，配有射程很遠的激光發射器，可以讓與之對峙的警察為之目眩。他們還發揮團隊精神，將路旁的鐵欄拆下來，形成了一個又一個的路障，阻止防暴警察的前進。他

們還可以製造汽油彈，讓熊熊的烈火在上環的街頭燃燒，映照炎夏街頭的憤怒。

　　幕後的鍵盤鬥士的支援，可以在社交媒體上製造不少真假莫辨的信息，如說解放軍已經進入香港鎮壓，附上照片顯示解放軍的坦克車用火車運送，但後來被踢爆只是舊照片，移花接木；又網上流傳元朗的白衣人襲擊事件中，一名黑社會大佬的夫人也被「無差別毆打」，因而立刻動員反擊，形成了「黑吃黑」，但媒體卻無法證實。

　　更厲害的招數則是偷樑換柱，用一些接近的名字，將敵對勢力的網站綁架，發放錯誤的信息，如將一些撐警或警察的網站改頭換面，說警察要發動怠工，抵制高層的不合理措施。這些嫁禍的顛覆手法，用「假新聞」翻轉了一個城市，蠱惑多少的人心。

　　至於語言暴力，不僅是牆壁上的種種粗話，還有一些配有專業音樂的粗口歌，譏笑咒罵港府和北京當局，指控警察是黑警，威脅殺全家。那些喜歡看這些信息的年輕人、乃至小學生、初中生，每天就在這些語言暴力中耳濡目染，無意識地被洗腦，也讓香港新一代「換了人間」。

這其實是香港的悲哀。很多不是「黃絲」、也不是「藍絲」的香港人，都覺得香港被綁架了。但香港這些勇武派認為這是他們的自由與人權，強調「沒有暴徒、只有暴政」。這肯定也和大部份香港人的認知完全不一樣。這是沉默大多數與他們的距離，也是「香港人與惡的距離」。

暴力浪漫化與浪漫暴力化

暴力可以浪漫化？這不是吳宇森電影的武打慢動作，也不是姜文電影的「讓子彈飛」，而是在香港立法會被肆意破壞之後，一些輿論開始對這些暴徒美化，將暴力提升到美學的層次，認為他們是擁有高尚的目的，是為香港人而犯罪，是被政權所吃掉的孩子……

其實暴力的崇拜與「理由化」，在政治學領域都有深刻的研究。希特勒和斯大林都有一大堆的說詞，說這是為了建立美好的社會的必要之惡（Necessary Evil）。他們認為在通往一個美麗新世界的路上，亟需必要的暴力，是打開理想國大門的鑰匙。

德國的猶太裔政治哲學家漢娜·阿倫特（Hannah Arendt）就指出，這都是一種沒有道德底線的虛無主義（Nihilism），使用暴力者的心態其實就是漠視一切文明的標準，只要我喜歡，甚麼都可以。哲學上，這也是一種黑白二分法，將自己視為天使，對不同意見的人視為魔鬼，因而這是天使對決魔鬼的戰爭，也是英雄剿滅妖怪的戰爭，但最後卻成為自我毀滅的戰爭。

施暴者有了哲學的底氣，就可以肆無忌憚去消滅敵人。當那些人在立法會門外用鐵條、磚頭要砸爛大門的時候，對警察灑出毒粉，噴腐蝕的液體，都覺得自己是理直氣壯，因為他們在那一刻上升為天使和英雄，要殲滅萬惡不赦的敵人。

但為暴力「理由化」，讓暴力站得住腳的說法，其實早已在民意的土地埋下種子。二零一九年六月十二日衝擊立法會事件明明是用上磚頭與鐵枝襲擊警察，但反對派的宣傳機器開動，卻否認是暴動，並且發動群眾運動要求當局改變「定性」。其實這是玩概念偷換，因為在街頭的群眾的確「和平遊行」，但在立法會前衝擊的群眾卻的確使用「暴力」，兩者不能混為一談，但反對派卻有意混淆，並且將這作為新的訴求，製造混亂。

暴力浪漫化，也是將浪漫暴力化。世界上很多極端組織都對人生的未來有浪漫的想像，覺得自己擁有一個無可被取代的美夢。當年日本的赤軍、美國的氣象人、到今天中東的塔利班與伊斯蘭國，都要創造一個美麗新世界，並且認為只有暴力，才可以實現這樣的美夢。這其實就是一種恐怖主義；但殘酷的事實是：

暴力只會殺死浪漫，浪漫不能兼容暴力。

　　為暴力唱讚歌，就好像玩火自焚。這次立法會闖進毀壞事件其實就是很多人的死亡邊緣，慶幸警察及時退卻，避免發生雙方的浴血傷亡事件。但如果這次暴力事件被美化，那麼很多年輕人就會大受鼓舞，最後還會捲土重來。那麼下一次很可能就是一次死亡的盛宴，讓香港陷入恐怖的境地。

　　在香港生活多年的英國人賓利（Peter Bently）接受媒體訪問時就指出，英美等西方國家面對議會被衝擊，一定是用真槍而不是橡皮子彈反擊。他認為這樣的暴力衝擊其實只會使得香港的民主進程拖慢，也使得中國的民主進程拖慢。對於那些崇拜英國、揮舞港英旗幟的示威者來說，這是當頭棒喝。

文革・極端主義・網絡化

　　如果沒有網絡化，如果沒有 4G，就沒有二零二零年
歐美的文革狂飆。因為群眾的動員都是靠智慧型手機，
都是靠社交媒體。美國黑人弗洛伊德被白人警察跪殺的
照片瞬間在全球瘋傳，形成資訊同步的協同效應，點燃
從美國延燒到歐洲的怒火。

　　這都反映網絡化的高效，造成群眾運動的爆發力。
歐美文革和當年中國的文革都擁有運動狂飆的共同基
因，就是對不平等社會的痛恨，以及對一個烏托邦的追
求，但由於不惜採取暴烈的手段，導致強烈的反彈，形
成巨大的爭議。

　　中國的文革，也當然與毛澤東的個人崇拜聯繫在
一起。毛澤東在天安門接見紅衛兵的一幕，成為文革
歷史的定格，暴露民間政治鬥爭背後，都有高層派系
內鬥的影子。美國這次文革也是如此，極右組織「Q
匿名者」（QAnon）的旗手勒布朗（Michael Lebron）
與他的妻子，早在兩年前就去白宮與特朗普會面，相
見恨晚，也暴露特朗普與極右組織千絲萬縷的關係。

Q 匿名者有很多匪夷所思的陰謀論；他們在這次全球新冠疫情爆發後，譴責病毒的來源是微軟創辦者比爾·蓋茲（Bill Gates），指他製造新冠病毒在全球散播，然後再研發疫苗賣給全世界賺錢。這些毫無根據、信口開河的指控，卻有很多徒眾相信。Q 匿名者與特朗普「暗通款曲」，讓陰謀論的論述，成為總統選戰的重要力量。

中國文革的派系鬥爭，非常慘烈。美國文革的情況也一樣，敵對派系彼此毆鬥，血流五步，但他們更多時候槍口對着警察，針對共同的敵人。尤其極右組織「布加洛」（Boogaloo），曾經幾次殺警。他們唯恐美國不亂，反對限制槍械，夢想美國要經過「第二次內戰」，才可以重建理想的美麗家園。

這些虛無主義的極端組織和香港的港獨組織一樣，都是崇尚暴力，極端仇警，敵視現存體制，掀起一股恐怖勢力。他們都在美國的 4Chan.org 的網站活躍，就好像香港的港獨勢力在連登網站的連結，動員群眾，散播仇恨的信息。

越來越多的研究指出，二十一世紀的極端主義傳播之廣，都和網絡的效率密切關聯。在臉書、推特、

IG 等平台，都是極端主義的沃土。在哲學上，他們不少陷入「加速主義」（Accelerationism）的怪圈，企圖加速體制的內爆，破壞現存的一切，期望建立一個美麗的新世界。

這也是中國文革的根源，為求目的，不擇手段，但沒有道德底線的手段，終會帶來文明的災難。今天歐美文革的狂飆，搭上了網絡化的快車，在速度與激情中，開往悲劇的驛站。

香港隱藏的優勢不再被隱藏

　　香港為甚麼突然被視為全球加密貨幣的首都？這其實是「歪打正着」的結果。香港政府當局並沒有規劃要發展加密貨幣，大部份官員對此也是「矇查查」，但由於香港資金自由流動、低稅的優勢，讓全球各地的「幣圈」好漢，都可以在這個城市大展拳腳，施展渾身解數，創造了很多意想不到的「數字奇蹟」（Digital Miracle）。

　　最奇妙的是 FTX，這家由美國人創辦的數字交易所，卻早就知道美國近年金融上「長臂管轄」的厲害，繞過美國的法規，乾脆「去美國化」，將公司的業務與美國絕緣，也與銀行絕緣，落實「去銀行化」，讓這家二零一九年在香港成立的公司，成為創造財富的重要平台。

　　這位美國人就是山姆・弗里德（Sam Bankman-Fried），他二十九歲，麻省理工學院物理系畢業，腦筋動得奇快。他抓住香港隱藏的優勢，在這個被視為冒險家樂園的城市，展開一場金融的冒險，推動加密

貨幣的各種實驗，製造很多的衍生產品。他讓這家新開的公司帶來四十億美元的財富，並且還在不斷發展。

這都是香港當局所未見的金融機遇，官員大多對於新興事物都有天生的懷疑。但香港的特色就是，只要法律沒有明文禁止，都可以去嘗試，行政當局不會先加以限制，對於財富的創造，更有一種友善的環境，讓開拓財富邊界的各路英雄，都可以找到發展的空間。

中美關係惡化之後，美國當局對香港都一直妖魔化，香港在美國官方的語境中就是一個沒有自由、沒有法治的社會。但在商界來說，這都是鬼扯。美國企業家早就發現香港是一個比紐約更有金融活力的城市，因為它沒有法律上繁文縟節的矯飾，更沒有沉重的稅負。這讓來自美國的企業家找到了真正的金融樂園，刺激他們更能夠發揮創業的動力。

香港巨額的金融利潤不用面對資本利得稅（Capital Gain Tax）的課徵，這在紐約是不可想像的。但這就是香港的隱藏優勢，讓那些新興的金融操盤手怡然自得，享受香港勝過華爾街的競爭力。

香港另一個隱藏的優勢是「地下錢莊」，散佈在街頭與樓上，表面上是兌換貨幣，但卻可以進行國際

的匯兌，從香港到中國大陸到全世界，都可以讓這些看起來很不起眼的小店，進行金錢的旅行。

也許在疫情中，在「非接觸經濟」的新世界裏，香港隱藏的優勢才被重新發現。香港被西方「妖魔化」的國際形象，卻被西方的金融才俊來洗刷乾淨，還以香港強勁競爭力的真面目。

香港年輕人向地產霸權説不

一九六七年的香港暴動，外因是中國大陸文革的延伸，內因是香港社會貧富懸殊的矛盾；二零一九年的香港動亂，外因是中美博弈的延伸，內因則是香港社會貧富懸殊下的地產霸權。

香港今天動亂的內因當然很多，但主要矛盾還是地產霸權，導致住房問題的惡化，居住正義成為稀缺品。五六十年代香港有很多來自中國大陸的難民，窮無立錐之地，只有露宿街頭，在山邊和陋巷搭起了木屋，或是在一些唐樓中，好幾戶人家住在一起，被形容為「白鴿籠」。今天香港的住房問題更嚴峻，很多人住在「劏房」，包括很多的大學畢業生。

這是六十年代所不能想像的。當年的大學畢業生等於是拿到了中產階級的入場券，可以住進不錯的房子，但今天香港的大學畢業生起薪只有一萬多元，而租一個很小的房子也要一萬元左右，因此他們只能黏着父母，或是和幾個朋友合租。

這是新一代民怨的根源，背後也是香港地產霸權

與政府的「共犯結構」。因為香港特區政府逾一半的收入是來自房地產。房價越高，政府的收入就越高，使得香港政府的荷包腫脹，也導致決策者長期仰賴地產集團的鼻息，形成香港出現「超級地租」的局面。

因為高房價就是一種特別的稅，廣大的年輕人成為「超級地租」的受害者。較為年長的中產階級大多已經買了房子，而底層的民眾早就住進政府的公屋或居屋。年輕一代變成了被歧視與被遺忘的一群，他們走上街頭，讓「反修訂逃犯條例」的抗議行動引發「蝴蝶效應」，掀起了一場「完美風暴」。

回眸一九六七，發現港英殖民政府在鎮壓暴亂之際，敢於立刻推動社會改革，落實解決居住問題，為日後港督麥理浩（Murray MacLehose）的善治（Good Governance）埋下伏筆，推動更多公屋興建，讓底層與中產階級都感受到「安居」之樂，不再動輒走上街頭。

今天香港問題的複雜性遠超當年，因為在網絡時代反對勢力更容易動員，也更容易散播假新聞，民心容易被煽動。但解決房屋問題的願景仍然不變，就好像習近平所強調的，房子是「用來住的，而不是用來

炒的」。如果香港的年輕人不再生活於極其狹窄的空間裏，就不易被激進的意識形態所蠱惑，讓他們在「居者有其屋」的氛圍中遠離暴力，遠離燃燒彈，遠離虛無縹緲的「光復香港」，從光復他們的「居住正義」開始，向香港的地產霸權說不。

校園的第一片落葉

暴力是校園的第一片落葉，警惕學術冬天的來臨。當學生迷信暴力、沉迷於製造汽油彈之際，校園就已經找不到一張安靜的書桌，更容不下不同意見激盪的空間。

這也是二零一九年香港校園的困境。如果說汽油彈是暴力的極致，那麼喪失了對不同意見的寬容與尊重，就是對學術生命的致命打擊。長期以來，坐落在新界馬料水的香港中文大學被視為學術創意的引擎，吸納來自全球的知識精英，在國際上排名也位列前茅，但如今在一種泛政治化的氛圍裏，也使得校園的學術前景蒙上一層迷霧。

迷霧在於知識的追求被窄化為一言堂的憂慮。對於香港的未來與有關中國的研究，是否都被「黑色恐怖」所霸凌。即使在校園政治的討論中，來自中國大陸的學生都曾經在討論大會中被咒罵，而十月一日一些在宿舍懸掛五星旗的學生也有被騷擾的經驗，違反了多元化與相互尊重的精神。

校園也要尊重文明的底線。當中大學生佔領了校園的「二號橋」，藉此投擲雜物到吐露港公路，切斷了這一條連結新界到九龍的幹線，就注定這場校園革命失去了正當性，失去了民眾的支持，因為香港多少人的生計與生活都受到影響，也不能理解為何大學生要發動這樣的無差別攻擊，讓普通的老百姓受害。

同樣香港理工大學的暴亂，不斷丟汽油彈，堵塞紅磡隧道，切斷這一條香港最繁忙的過海隧道，也使得每天約百萬人次的車流被截。這都是「與民為敵」的行為，導致每天多少人上班受到影響。

當然，很多大學生和學者都是「暴力校園」受害者，他們指出從中大到理大，大部份黑衣人都是校外人，魚龍混雜，而在群眾大會中，越激進越容易獲得權力，也使得原來充滿理想的運動陷入為求目的、不擇手段的怪圈，損害了絕大多數群眾的利益，而最終失去了民眾的支持。

但風暴後的第一線陽光，在於敢於面對現實，也珍惜人文素養的傳統。越來越多中文大學的校友，呼籲這些製造汽油彈的學弟學妹，不要忘記錢穆、唐君毅、牟宗三的傳統，要堅持中大學生會會歌的歌詞「承

擔着整個民族的光輝」。他們覺得香港必須拒絕分離主義，而是要和中國大陸的改革派聯合起來，爭取整個國家民族的變革。

也就是要有強大的歷史感，毋忘中文大學前身的新亞書院，錢穆、唐君毅等篳路藍縷，五十年代，在中華民族花果飄零之際，毅然推動文化救國，尋回文化中華的命脈。今天的香港一些年輕人被殖民主義的歪風所迷惑，而中大的學生每天行經崇基學院的大門前，被暴力學生堆滿了障礙物，但牌樓對聯上寫着「崇高惟博愛，本天地立心，無間東西，溝通學術。基礎在育才，當海山勝境，有懷胞與，陶鑄人群」，都可以看到那些激勵的文字，讓中大的文化理念不要出現斷層。

中美博弈

美國恐中症的內捲化現象

　　美國的「恐中症」正在全國蔓延，總統拜登上任後，不僅繼續對中國採取強硬的政策，還更上層樓，連接歐洲、澳洲、日本、印度等國形成對華包圍圈施加巨大的壓力。而背後則是一種揮之不去的「恐中症」，認為中國是美國在二十一世紀的最大敵人。

　　但這樣的敵人又與美國過去的敵人完全不同。昔日美國對抗蘇聯，彼此經濟上沒有任何交集，但今天中美之間產業鏈犬牙交錯，你中有我，我中有你，根本無法脫鉤。因而美國最後只能與中國「競合」。外交是內政的延長，但內政也往往是外交的影子。恐中症的病毒已經滲透到美國社會，形成一種奇特的「內捲化」的現象。

　　內捲化（Involution）本來是文化人類學的名詞，形容無論如何努力都只是重複的勞動，不能提升到新的層次，反而是深陷其中，不能自拔。

　　牛津大學教授、中國知名人類學家項飆說，內捲化就是「不斷抽打自己的陀螺式的無窮迴圈」，也就是說，人類很多主觀上的努力，無論如何折騰，但如

果沒有找到要害之處都是徒勞的。

對美國來說，恐中症就是一體兩面，不但將中國的一切妖魔化，又要將內部的問題歸咎於中國，形成了社會上反亞裔的狂潮。恐中變成了一種政治上的萬靈藥，企圖用來化解內部矛盾，但由於用錯了藥，反而導致更加病入膏肓，內部矛盾更加嚴峻，無論如何努力，如何抽打陀螺，都難以走出陀螺旋轉的迴圈。

美國由於經濟上的需要，以及很多的國際議題，如氣候暖化等問題，都要與中國合作解決。但美國外交謀士卻被特朗普的影子所蠱惑，接過仇中火棒，點燃更多外交烽火，企圖以此來凝聚內部，但卻形成內部的恐中情結，處處都要與中國作出比較。

疫情的比較，正顯示美國的弱勢。三億多的美國人，新冠疫情的死亡人數已經快六十萬人，多過美國在一戰二戰和越戰全部死亡的人數。而中國十四億人口，只死四千多人。美國疫情失控，其實就是沒有發揮國家的力量，而是被反智、反科學的政策所害，社會上的任性與驕縱之風蔓延，很多人至今還是不願意戴口罩，反對封城，認為這是侵犯人權與個人自由。

美國還以此來攻擊中國，說武漢封城是違反人權與

自由，並且將疫情「武器化」，美國網絡上的 KOL 還造謠說是中國有意製造病毒遺害世界，助長了美國社會的反華與反亞裔的歪風。民主黨內部如眾院議長佩洛西還加碼仇中，不僅力挺昔日香港的黑暴勢力為「一道美麗的風景」，最近還揚言說要抵制明年北京冬奧，左右美國的對華政策。

美國恐中症的內捲化現象也在於美國決策者耽於說謊，誣衊中國在新疆「種族滅絕」。儘管美國國務院法律部門提出異議，反對說中國在新疆「種族滅絕」，指出沒有任何證據，美官方說法站不住腳，但美國當局失去「知識上的真誠」（Intellectual Honesty），也使得美國的軟實力在國際上流失。

以巴衝突，也帶來中美關係的微妙博弈。由中國帶頭在聯合國安理會提案，呼籲以巴停火，獲得各國的支持，但只有美國一票反對，加以否決。這使得美國在國際舞台上陷入孤立，坐實國際上對單邊主義的指控，而中國則首次外交上主動出擊，邀請以巴雙方來中國開會解決爭端。這都對美國形成巨大的外交壓力。

美國內政上也視中國為重要的參考系，拜登強調要在基建與新能源方面與中國較一日之長短。但美國起

步太晚，加上內部掣肘太多，恐怕未來二十年都無法與中國並駕齊驅。這包括高鐵系統，中國已經是八縱八橫，共長達三萬多公里，美國還是零。而在新能源方面，儘管美國特斯拉電子車技術冠全球，如今它在上海設廠的生產數量與品質都超過美國製造，更厲害的是中國電子車的充電樁，全國高逾一百五十萬，美國則只有四萬多遠遠落後。更不要說美國的 5G 還在起步，5G 基站只有約三萬個，而中國已在全國裝設七十萬個基站，佔全球近七成，領先世界。

美國的有識之士都已經看到恐中症的內捲化現象。這包括美國麥肯錫顧問研究公司，指出全球與美國依賴中國不減反增，而中國則越來越依靠內部經濟的動能作為成長的引擎。美國知識界對中國的了解，不及中國知識界對美國的了解。過去三十多年，數以百萬計的中國留美學生成為「知美派」，不斷學習美國的優點，但也知道揚棄美國的糟粕。而美國留學中國、研究中國的人員則大幅落後，尤其一些官員被法輪功、異議分子郭文貴等人所誤導，對中國的真實情況完全誤讀，形成中美雙方「信息結構不對稱」，也使得美國的內捲化問題越來越嚴重。

美反華策略外溢效應倒灌

美國總統拜登上台後，初看是實行沒有特朗普的特朗普主義，繼續對中國圍堵，但其實策略上更有一套「棉裏藏針」的招數，就是從過去的單邊主義的霸凌，改為多邊主義的圍堵，爭取更多的國家成為美國的啦啦隊，將中國視為假想敵，作為內政上的「提款機」，並且在政策上形成一種外溢效應（Spillover Effect），向國際上蔓延。

拜登不愧是長期從事外交工作，他在參院外交委員會任職多年，累積豐沛的國際人脈，如今剛好派上用場。他的外交手法比特朗普時期細膩，顛覆了特朗普「唯我獨尊」的「美國優先」政策，改以高大上的口號，以人權為藉口，透過更多的利益交換在國際上形成一條新的反華陣線，產生美國外交策略上的外溢效應。

美國國務卿布林肯是「歐洲通」，他在歐洲受中學教育，說流利法文，與不少歐洲領袖有私誼。他瓦解中歐投資協議就是與德國密議，不再反對德國與俄羅斯「北溪二號」天然氣管道，交換條件就是讓德國

支持美國推動歐洲議會取消和北京的投資協議，使中歐的經濟合作大打折扣，以致中歐一些經濟合作胎死腹中。

同時美國還聯合西方各國，要在各方面對中國加以制約，形成一個新八國聯軍對付中國的格局。這包括說服英法德三國派遣軍艦到亞洲轉一圈，展示軍事肌肉，讓那些「沒落的帝國」如英國等尋回昔日「日不落國」的歷史榮光，還讓美國在亞洲的軍事行動更有底氣，重返冷戰時期的架勢。過去不願跟從「五眼聯盟」排斥中國的新西蘭也開始釋放信息，要國人警惕對華關係會如澳洲那樣惡化下去。這都顯示美國背後的巨大努力，將西方社會過去被特朗普所撕裂的板塊，重新修復，而美國則分配各種利益作為回報。

但美國對華策略的外溢效應卻出現「倒灌」（Backflow），因為美國要求西方諸國在外交上跟隨，只是惠之以小利，卻無法在結構上與國家利益上全面配合。因而一些看似與美國合作的國家，其實也是言詞閃爍，因為就它們本國的國家利益來看，都需要兩邊押寶，在多邊主義的夾縫中將國家利益極大化，而不是窄化自己的選擇，被美國長期牽着鼻子走。

就以歐洲國家來說，剛剛被取消的《中歐全面投資協定》其實對歐洲更重要，因為這讓歐洲在中國龐大的市場中有更多的優惠。無論是德法還是意大利，都極為需要與中國的經濟合作更上層樓，才可以提升內部經濟增長速度，避免被新一波美國帶動的全球通貨膨脹的浪潮所淹沒，如今要歐洲人為了美國的全球霸權而犧牲本國的長期利益，都在內部引爆不少批判與反思。

　　同時，美國商界也對拜登的反華外交策略非常不滿，認為這其實違反美國的國家利益，如美國的波音飛機公司警告，若一旦與中國關係惡化下去，波音在華利益就會嚴重受損。同時特朗普時期所設下的高關稅已經被美國商界打臉，因為美國對華貿易逆差還在不斷上升，顯示關稅其實是由美國商界與消費者吸收，對中國不能損害絲毫。這都是典型的害己不害人的「神操作」，但拜登還是堅持下去，在於要取悅美國民粹風潮，但也造成美國商界的內傷，特別是拜登計劃要徵收富人稅，引起富裕階層的不滿，也在美國的對華策略上掀起倒灌作用。

　　在國際舞台上，美國的疫苗外交都落在中國之後，

僅僅在一週前，中國已經輸出二點五億劑疫苗到全球各國，尤其是第三世界國家，佔了中國生產的疫苗四成多，展示中國的道德高地，而美國卻完全「美國優先」，一支疫苗都沒有輸出。在國際輿論的巨大壓力下，拜登本週宣佈要輸出兩千萬劑疫苗，後來又加碼到六千萬劑，顯示美國在疫苗外交的戰場上奮起直追。但第三世界受惠很少，遠水不能救近火。非洲與拉美國家還是要依靠中國的疫苗，才可以壓制疫情。

美國在亞洲的盟友印度，儘管陷入水深火熱的疫情中，但來自美國的疫苗與救助卻是杯水車薪，讓很多印度人轉而求助中國，在商業渠道上，大量購買中國生產的氧氣機。患難見真情，對一些在生死邊緣上掙扎的印度人來說，有中國這樣的敵人，竟然比美國這樣的朋友還可靠，可說是極大的諷刺。

因而中美在國際上的朋友圈，還是要看長期的政策結構，而不是看短期的施予小惠。英國在脫歐之後，經濟上對與中國的連結，仰仗甚深，因此儘管在姿態上要派遣航母到亞洲，自嗨一下，但骨子裏還是要與中國維持良好關係，推動經濟發展。這是另外一種的政經分離，也是美國反華策略外溢效應下的倒灌，倒

過來衝擊美國的外交，削弱美國政策上的可持續性，讓水漫金山的反華政治，倒過來損害美國與盟友的關係。

美國選戰・假新聞・香港亂源

謊言重複了一千次，就會變成真理。這是納粹德國宣傳部長戈培爾的名言。如今在香港、台灣與美國，用人工智能編造的「真理」活靈活現，如幻如真，變成了影響美國總統大選的假新聞。

就在美國總統大選投票進入倒計時之際，香港媒體大亨黎智英旗下的《蘋果日報》集團率先在台灣的《蘋果日報》刊登一則獨家調查報道，稱歐洲的調查機構「颱風調查」（Typhoon Investigation）發表一份機密調查報告，指出民主黨候選人拜登與兒子亨特和北京有不可告人的商業關係。這也坐實特朗普長期以來的指控，說拜登家族在中國有密切的利益，因而美國大選「如果拜登贏了，就是中國贏了」。

這份報告並且列出消息來源是一位瑞士的獨立的國家安全專家馬丁・雅思平（Martin Aspen），言之鑿鑿，似乎很有可信度。在大選的關鍵時刻，這份報告也成為美國一些八卦媒體炒作的題目，對拜登非常不利。

但美國專業的主流媒體很快就嗅到可疑的味道。美國三大電視網之一的 NBC 經過縝密的調查發現，這份報告其實是子虛烏有的產物，重要的消息來源馬丁‧雅思平其實並無其人，而只是人工智能虛擬的人物，刊登的照片也是人工智能合成的。眼尖的 NBC 記者發現，他的照片中右耳與左耳並不對稱，而有關他在社交媒體上的記錄也非常的可疑。

　　最後，NBC 找到這份報告的撰寫人之一，是美國的一名學者鮑爾丁（Christopher Balding），他開始時否認一切，後來說是受《蘋果日報》委託製作，最後被查出是黎智英的美國助理馬克‧西蒙（Mark Simon）付了一萬美元來寫這報告，錢是來自黎智英的賬戶。黎智英對外表示，他對此並不知情。Mark Simon 在美國媒體追查之下，宣佈他已經向黎智英辭職，並為此道歉。

　　這事件顯示香港的八卦媒體居然變成了美國選戰假新聞的製造工廠，左右美國的民意。由於 Mark Simon 曾經任職美國的情報部門，更引起了很多的臆測，究竟美國有哪些情治單位牽連其中？

　　黎智英與《蘋果日報》集團都是特朗普的忠實支

持者，他們認為只有靠特朗普才可以對付中國，因而為求目的、不擇手段，要將拜登扳倒。但問題是製造假新聞嚴重違反法律，也違反基本的新聞倫理，碰觸了媒體的道德底線，也是對讀者的一大侮辱。

黎智英其實是香港假新聞的始作俑者。一九九八年，香港《蘋果日報》的「陳健康事件」就是惡意製造假新聞。事緣一名底層工人陳健康被老婆懷疑有外遇，老婆結果將兩名年幼兒子拋下樓殺害，再自殺身亡。事後《蘋果》編輯部設計一則「故事」，讓記者帶陳健康到深圳嫖妓，拍下照片，然後再大肆報道痛罵陳健康，說他沒有良心，妻兒屍骨未寒就出來「亂滾」，大灑狗血。但後來卻被揭發是《蘋果》出錢「請客嫖妓」，設局來製造一個故事，引起輿論大嘩，紛紛指責《蘋果》違反基本新聞倫理，惡俗不堪。事後黎智英出面道歉，在《蘋果日報》頭版登了一篇「文情並茂」的聲明啟事，強調以後不會再犯。

如今《蘋果》再度出現這樣的醜聞，走出了香港，伸手干預美國的國內政治，引起了美國主流媒體的關注，終於揭發假新聞背後的真面目。

這也引起了香港政壇的警惕，外國勢力與本地的

政治與媒體息息相關，其實存在一條產業鏈，在全球化年代，台港媒體參與美國右派與特朗普勢力的政治操作會越來越多，而各種的人工智能、大數據等最新技術的運用也將常態化，最後造成一種真假不明的狀態。

這其實也是特朗普所慣用的手段，就是採取「烏賊戰術」，將水搞渾，亂以他語，讓真相越來越不清楚，他就可以從中得利。就以處理疫情來說，明明是特朗普最初掉以輕心，又不尊重科學的抗疫措施，造成死亡人數激增二十三萬。但他不斷將疫情「甩鍋」中國，對選民說疫情失控與死亡「不是你的錯，也不是我的錯，而是中國的錯」，群眾就爆起如雷的掌聲。

這也是這次跨國假新聞事件的啟示，必須要追查假新聞的全球產業鏈，找到造假的源頭，也要對各種匪夷所思的造假方式，予以高度的警惕。這是一個以假亂真的時代，也是魚目混珠、惡紫奪朱的時刻，必須明辨真偽，確保真相不要被高科技造假與「烏賊戰術」偷走。

新冠疫情是一面照妖鏡

　　新冠病毒疫情肆虐，卻意外地照出國際上的種種奇談怪論，將中國的一切妖魔化，並且趁火打劫，似乎要在中國陷入危機的時刻落井下石，抑制中國的快速發展，甚至出現很多匪夷所思的説法。

　　最光怪陸離的説法是流行於境外社交媒體的中國政治動盪，説病毒蔓延導致人民揭竿而起，湖北、湖南相繼宣佈獨立，整個中國陷入政治風雨飄搖。台灣、香港等地的網站也以訛傳訛，放出很多假消息。

　　對於這次病毒的爆發，網上也流行很多説法，強調武漢的 P4 實驗室出現病毒洩漏，是當局的罪過，等於是中國的「切爾諾貝爾」事件。當然也有另外一種陰謀論，説這是美國中情局的「傑作」，將病毒輸入中國，導致交叉感染，最後一發不可收拾。

　　這些沒有任何證據的陰謀論在社交媒體上廣泛流傳，就像一種信息的病毒，毒害了很多的人心，也種下了對中國仇恨的種子。尤其不少台港年輕人的心中更加鞏固了大半年前香港「反修例事件」所引發的刻

板印象——不僅中共政府是壞的，中國民眾也是骯髒與反文明的。這使得台港的分離主義氛圍更加強烈，台獨與港獨的情緒更加高漲。

美國在全球戰略上也加緊收割政治利益，毫不隱瞞要藉此重組全球產業鏈，讓美國製造業重新回到美國本土。這也是特朗普顧問納瓦羅（Peter Navarro）公開主張的，推動美國在海外的產業回歸美國，不讓中國人賺美國人的錢。

這當然違反現代經濟學的基本規律。美國產業鏈外移不僅因為美國工人工資太貴，也因為在工會制度下，美國產品的價格與品質在國際上失去了競爭力。例如 iPhone 如果全部回到美國生產，價格會飆升至少三倍。平均一千美元的 iPhone 會漲價到至少三千美元，在全球手機市場肯定就不敵中國的華為與韓國的三星。

其實中國在這次疫情中反而展現了中國特色的舉國體制，可以瞬間封城，兩週內建成兩所醫院，也可以全國配送物資，防止十四億人在面對疫情之際出現恐慌。如果同樣的疫情出現在美國或其他西方先進國，就會發生難以想像的更加恐慌的局面。

西方一些仇華派也在借助疫情來鑽空子，要趁機

打擊中國經濟。美國官員甚至提到要停止美國通用公司輸華的噴射引擎，讓中國大飛機 C919 無法生產。儘管後來特朗普出來打圓場，說不應該禁止美國產品輸華，但這已經令中國當局警惕，慎防美國在中國產業鏈的關鍵部份「卡脖子」。

美國《華爾街日報》評論中國是「真正的亞洲病夫」，引起北京強烈反彈，宣佈將該報的幾名駐京記者列為不受歡迎人物予以驅逐出境。其實該報內部對這篇評論的標題也很不滿，認為觸動了中國人的敏感神經，重現當年列強蹂躪中國時的言論。這都是中國人集體心靈的瘡疤，如今《華爾街日報》等於是在中國的歷史傷口上撒鹽，是可忍孰不可忍。《華爾街日報》駐華首席記者鄭子揚（Jonathan Cheng）連同五十三位該報同事向管理層寫公開信，要求該報道歉：「我們……要求你們考慮更正標題，並對讀者、消息來源及任何被冒犯的人致歉。」並說：「這無關編採獨立或新聞與評論的神聖分野，也與米德博士的文章內容無關，而是在於錯誤地選擇標題深深冒犯許多人，並不光是在中國。」但該報後來發表社論堅持說中國是「真正的亞洲病夫」是「新聞自由」，對北京還是

嚴詞抨擊，暴露了該報的偏見。

這其實是國際話語權之爭。美國媒體對中國長期以來都有種傲慢心態，從俯視的眼光來看中國。但過去以自由派為主的美國主流媒體還會對美國政府提出批判，不會變成美國政府的傳聲筒。但如今美國主流媒體反而與美國官方的聲音不謀而合，加入了「鞭打中國」（China Bashing）的行列，背後的共識就是一種要抑制中國崛起的暗黑心態。

台灣也加入了這一波「妖魔化中國」的聲浪，並且藉此要加強島內「去中華化」的發展。對於滯留在武漢與湖北的台灣民眾都遲遲不予接回來，反而將事件不斷政治化，一些深綠媒體甚至影射那些前往武漢的台灣民眾或「陸配」都不是「正港台灣人」，幸災樂禍。這都引起強烈的反彈，也加深台灣內部的裂痕。

對中國來說，這是一場「大考」。多難興邦，恰恰是在一場大規模的瘟疫中，考驗中國的應變能力，也考驗中國在國際舞台的話語權戰爭中，如何取得最後的勝利。這當然不是靠宣傳的修辭，而是要靠具體的政績，也要靠真實與坦率的交流。

這是一場沒有硝煙的戰爭，戰爭的受害者就是被

扭曲的真相。誰可以還原更多真相，誰就可以搶佔輿論的制高點，誰就可以在疫情的迷霧中，發現沒被抹黑的中國。

對抗部落主義與反智逆流

習近平年前提出「人類命運共同體」，強調「風雨同舟，榮辱與共」，努力把這個星球建成一個和睦的大家庭，把各國人民「對美好生活的嚮往變成現實」。這樣的提法如今成為熱門話題，因為抗疫不是一國一城之事，而是需要國際合作。儘管西方主流輿論長期以來認為「人類命運共同體」只是中國一廂情願，但如今卻有更多現實的意義，因為西方抗疫，在物資與實踐的經驗上都亟需中國的協助。

但疫情中「逆全球化」的力量卻以民粹的訴求，將世界變得更「部落化」，讓部落主義（Tribalism）的亂流破壞全球化的軌跡。

部落主義也是一種反智的心態。特朗普支持美國社會的一些反智示威，要立刻解封各大城市，不管是否還有疫情，都要「解放」（Liberate），說「不自由，毋寧死」。他們無視病毒傳播的危險，誣說疫情封關只是一些精英的陰謀。

部落主義將疫情「泛政治化」，成為國際關係的

最新變數。特朗普就是疫情「泛政治化」的先鋒。他批評中國隱瞞疫情，認為病毒來源可疑。佛羅里達州、密蘇里州、德州、內華達州先後把中國政府告上美國法庭，指控中國隱瞞疫情，導致各地損失，要求中國作出天價賠償。

但這在美國法律上難以成立，因為外國政府在美國都有豁免權，不受訴訟影響。更何況 H1N1 流感二零零九年在美國首先爆發，導致全球五十七萬五千四百人死亡，但美國從來沒有負上法律責任。

疫情在美國也被「武器化」，以防疫之名，「甩鍋」為實，將內部的一切問題都指向了美國最大的競爭對手中國。現在美國的感染與死亡人數都成為世界第一，特朗普的抗疫政策被指荒腔走板，一開始極度忽視，後來則亂了套，在疫情上不斷被紐約州州長科莫（Andrew Cuomo）挑戰。可以肯定，這將成為美國今年底總統選情的重要變數。反對特朗普的民眾日前在特朗普家族經營的酒店門外擺滿了屍袋，顯示總統草菅人命的殘酷。

疫情也暴露美國製造業的「空心化」。特朗普曾在記者會上拿着一條長的棉花棒，指出它是作核酸檢

測新冠病毒之用，但美國目前無法製造這長形棉花棒，外國也供應短缺，造成檢測工作無法進行，因此他動用國防生產法，強制要求國內廠商生產。這引起美國輿論反思，美國連一樣簡單的物品都無法自己生產，需要仰賴外國進口，是一大危機。

身受疫情所困的英國，也曾出現醫療物資短缺之苦。當局一度要求醫護要將防護衣重複使用，導致怨聲四起，後來還是中國緊急運來兩千五百萬件防護衣，始救燃眉之急。

這都顯示英美兩國在抗疫過程中，亟需中國的協助。中方也在國內醫療物資極度短缺的情況下，提供給全球八十多個國家各種協助。這顯示中國的大度與強大的生產能力。當特朗普不斷在罵中國的時候，美國很多病人都是依靠剛剛運到的中國製造的呼吸機在延續生命。對此，紐約州長和加州州長等都表示感謝中國。

美國開始對長期以來的「去工業化」拉響警報，要改變美國在全球化下的佈局，不能將製造業都移去亞洲和第三世界國家，而美國只是集中在電腦軟件、高新科技研究、金融等高增值的行業。否則在關鍵時

刻，就會受制於人。

國際學界對疫情帶來的權力格局變化，也有不少反思。經此一「疫」，世界的治理格局勢將回歸大政府，告別「小政府、大市場」的新自由主義理念，而是要有大有為的政府，可以面對危難，作出快速反應，也要在政府結構上，重視公權力的施政力度，推動全民健康保險，不能聽命「大市場」左右，損害全民的福祉。

同時，美國的日本裔學者福山（Francis Fukuyama）也有睿智的觀察，指出這次應對疫情的各國比較，以民粹主義起家的領袖都表現很差，例如美國的特朗普、英國的約翰遜等，都措手不及，更被批評在處理這個重大的「公衛」問題時，好像在處理「公關」問題，鑄成大錯。

在世界衛生組織爭議中，特朗普責罵世衛對美國隱瞞疫情及偏袒中國，更不交會費給世衛。但在國際舞台上，二十國集團都出面支持世衛，包括德國、法國等西方國家，等於打了特朗普一巴掌。這都顯示世衛與中國得道多助，而特朗普則是失道寡助。

今天全球必須聯合起來，對抗部落主義與反智心態，回歸科學與理性，為全人類福祉而努力。也就是

說，愛到最高點，心中有全球利益。這也是人類命運共同體的願景，要超越冷戰思維的意識形態之爭，也要超越泛政治化的操作，不能將國際關係的地緣政治之爭與抗疫混淆在一起，否則就會出現部落主義的困局——各人自掃門前雪，但卻難逃被病毒全球風雪蹂躪的悲哀。

美國陷入麥卡錫主義危機

　　美國在全球的形象陷入災難性的局面。總統特朗普所鼓吹的「美國第一」果真名副其實，成為新冠疫情的「世界第一」，連美國前總統奧巴馬都看不過眼，痛批「高層領導混亂不堪」，映照特朗普政府的色厲內荏。

　　讓人擔心的是，美國政壇出現麥卡錫主義的陰霾，飄蕩在白宮的上空，甚至向全國蔓延，成為美國的國安危機。

　　麥卡錫（Joe McCarthy）是五十年代美國威斯康辛州的共和黨參議員，他當時在沒有提出任何的證據下，說美國政府與社會內部隱藏很多的共產黨間諜或同路人，動搖美國的安全。他自鳴正義，剛開始時獲得不少民意的支持，認為他是反共先鋒，可以維護美國的安全，也使得政壇諸公懼他三分；他橫行霸道，儼然是國會山莊一霸，無人敢攖其鋒，因為他戳中了美國社會的反共痛點，深恐內部藏有「第五縱隊」，演出「木馬屠城記」。

但路遙知馬力，麥卡錫的虛假證據逐漸被揭發，以反共之名的指控都不成立。最後參院內部調查，並通過議案對他加以譴責。在聲名狼藉下，他鬱鬱寡歡，最後在一九五七年因酗酒而導致急性肝炎去世，年僅四十八歲。而他這段粗暴與虛假指控的經歷被美國史家視為「麥卡錫主義」（McCarthyism），指稱那些靠反共而胡亂指控他人的歷史，違反美國自由民主的精神，也違反嚴格取證、求真務實、拒絕誣告的普世價值。

　　今天特朗普政府的表現就是充滿很多誣告的麥卡錫主義，掀動反共反華氛圍，將國內的疫情諉過於中國，而不去深究自己為何抗疫無功，導致死亡人數飆升。但比起生命的流逝，美國知識界更憂慮社會正義的流逝。疫情死者大多是黑人和拉美裔，底層的民眾最多。由於他們沒有保險，大多還沒到醫院前就死在家中，情何以堪。政客滿口的謊言，前言不對後語，諉過卸責。指控他人叛國、不效忠國家，卻只是信口開河，沒有任何證據。越來越多的美國人陷入失業的痛苦狀態下，經濟上無法養活自己和家庭，茫然不知所措。

今日白宮所推動的麥卡錫主義將一切問題怪罪中國，建立了一套「中國陰謀論」的論述，說這病毒是中國武漢實驗室人工製造出來的病毒，別有用心地滲透到美國，導致越來越多的美國人死亡。這都是「萬惡的中國人」和「萬惡的中國政府」的詭計，要嚴陣以待，肅清入侵的病毒。這也是特朗普的顧問納瓦羅（Peter Navarro）的論述，他長期以來就是「仇華」勢力的領軍人物，只是過去特朗普對他加以節制，但今天則是借用他的仇華理論，火力全開，掀起一股新的麥卡錫主義的浪潮。

　　儘管這樣的麥卡錫主義的論述被專家與不少媒體所否定，但還是有很多的民眾相信這一套。特朗普的團隊在國務卿蓬佩奧的主導下，不斷攻擊中國，並且指控中國在疫情開始時在全球掠奪抗疫物資。

　　美國前總統奧巴馬對特朗普的批評，反而坐實白宮麥卡錫主義的論述。特朗普和他的支持者，長期都在鼓吹奧巴馬與猶太裔美國人所控制的媒體與政治勢力，是一個「深層勢力」（Deep State），背後操控美國發展的方向，而奧巴馬就是這勢力的領軍人物之一。因而他們將奧巴馬對特朗普的批評視之為一項醜聞，

是「奧巴馬門」（Obamagate）。這是典型的麥卡錫主義的做法，將外間的一切批評，包裹在一個更大的陰謀論中。

美國新型的麥卡錫主義躲藏在現代的社交媒體中，成為一個「信息繭房」（Information Cocoon），自我繁殖，大家自得其樂，自我過癮，不理繭外的世界，而只是在一種錯誤的信息下，圍爐取暖，形成了「同溫層」，卻在網裏網外的世界中，發揮自我鞏固的作用。

而這樣的信息繭房發佈在全美的特朗普支持者群組中，他們的人數估計佔美國人口的三成，大多是社會底層的白人，尤其是中西部廢棄了的工業區。他們大多對奧巴馬就有天生的歧視，認為他當上美國總統是美國國運衰落的開始，甚至相信他是在非洲出生的黑人，靠詐欺騙取美國的出生證明書，認為民主黨的精英都會出賣美國利益。這樣的陰謀論也和病毒來自中國的陰謀論結合，不斷在網上流傳，成為一種新的政治同溫層。

美國竊聽歐洲與美俄峰會

丹麥媒體二零二一年五月揭露，美國的國安局（National Security Agency）與丹麥當局合作，長期竊聽歐洲諸國領袖電話與電郵，不僅侵犯政治人物個人隱私，也損害了歐洲的國家安全，是可忍孰不可忍，在國際上掀起了軒然大波。

這只是美國諜報機構在海外活動的冰山一角，隱藏在間諜海洋中的冰山是難以想像的龐然巨物，可以將敏銳的諜報觸角伸到每一個政府內部，並深入到高層人物私生活，予取予攜，比任何文學想像都戲劇化，讓西方所有的間諜小說作者都瞠目結舌，自歎弗如。

這也是美國叛諜斯諾登（Edward Snowdon）早就揭露的黑幕，指出美國的棱鏡計劃（Prism），無所不用其極，是一項絕密級的網絡監視監聽計劃，能夠突破任何網絡防火牆，對即時通訊與儲存資料作出深度的監聽。由於使用超級電腦，可以將各種鉅細無遺的資料收集，再經由關鍵詞加以分析研究，成為美國情報界稱霸國際舞台的秘密武器。

由於西歐國家長期以來都是美國親密盟友，而英法德意與北歐南歐等國，外交上與美國關係密切，從冷戰到今天，一直與美國「同一個鼻孔出氣」對付俄羅斯，也參與抹黑中國的統一戰線，挑動新疆人權與香港問題，圍堵中國。

　　但在美國決策者心中，還是對歐洲不放心，恐懼歐洲的「三心兩意」，與俄羅斯和中國有很多千絲萬縷的關係。因而美國的特務機構對歐洲這些盟友還是緊密監聽，要確保歐洲不會「紅杏出牆」，另結新歡。對歐洲諸國來說，有美國這樣的朋友，還需要敵人嗎？歐洲在文化上很有自豪之處，內心深處都覺得美國是淺碟子文化，沒有深度，只是浮躁之徒。然而歐洲國家的體量太小，即便最強大的德國，人口只有八千多萬，是美國人口的四分之一，乃中等強國，在國際上還是要聽命美國「老大哥」的指揮棒。

　　歐洲國家都是國際關係的老手，服膺外交界名言「沒有永遠的朋友，而只有永遠的利益」。它們在總體路線上 ，重視與美國維持友好關係，但卻不滿美國的「老大情結」，氣勢凌人，在國家利益上往往獨斷獨行，肥水不流外人田，造成歐洲國家利益受損。舉

例來說，德國和俄羅斯的天然氣管道「北溪二號」，從特朗普時期到拜登，美國多方阻擾反對，讓德國冬天能源保證受到衝擊。直到最近，美國才取消對北溪二號的制裁，以換取德國放棄與中國的投資合作協定。美國的霸凌作風讓歐洲國家口服心不服，成為內心深處的最痛。

如今美國諜影籠罩歐陸之際，歐洲人對美國疑心更重，紛紛質問為何最親密的竟然是最不可信任的。

拜登與普京的高峰會，也投下了新的一層陰影。拜登在上任之後，開始釋放與俄羅斯破冰的信息，尤其在烏克蘭衝突的事件中，十幾萬的俄羅斯軍力已經在烏克蘭邊境集結，大軍壓境，而美國艦艇也開往黑海，但關鍵時刻，雙方在背後密切接觸，同意同時後撤，化解危機於無形，也為六月中旬美俄高峰會作出重要鋪墊。

美俄峰會在國際上被解讀為拜登的「俄國牌」，不僅分化中俄，也對歐洲國家造成心理陰影，深恐美俄兩個大國的任何默契與協議都會損害歐洲的利益，美國長期肆無忌憚地竊聽歐洲盟國，也令德法等領導人極度不爽，若將來美俄之間有任何損害歐洲利益的

協議，也都會引爆風暴。

關鍵是美國如今的主要敵人是中國，俄羅斯在國力上還是相對較弱，無復當年蘇聯之勇，但俄羅斯的長處是在軍事科技上有獨到之處，武器推陳出新，在國際市場上廣受歡迎，它擺向任何一方都會左右國際權力的天平。

丹麥媒體揭發美國竊聽事件，導致美歐關係留下很深的傷痕。但歐洲在英國脫歐後，經濟上的影響力大不如前，無法要求與美國平起平坐。預料很多國家開始要另起爐灶，直接與北京交往，爭取自己國家的重大利益。波蘭、塞爾維亞、愛爾蘭等國外長訪問中國，與外長王毅深談，在疫苗與經濟合作上都有進展，預料其他歐洲國家也會跟進，不會受美國「竊聽魔掌」的限制，而是要自己的命運自己掌握。

這也為中國外交帶來空間。北京強調中國不搞勢力範圍，不作任何意識形態輸出，充份尊重各國自己的制度路徑與文化底蘊。這是中國論述特色，開始在歐洲各國蔓延，對抗美國一國獨大格局。

值得注意的是中國在克羅地亞興建的跨海大橋，以驚人的速度與性價比奇高的預算，超前完成，計劃

在二零二二年六月通車。這都是中國一帶一路理念在
歐洲的實踐突破，展示中國的軟硬實力，讓歐洲國家
分享中國「基建狂魔」果實，讓歐洲的天空，不再被
美國諜影遊蕩；讓歐洲領袖的隱私，不再成為美國特
務機構的珍藏。

中美博弈意與願違的弔詭

從世界歷史的發展來看，中美當前博弈的形勢是非常獨特的局面，儘管彼此交惡，卻都無法將對方視為「萬惡不赦」，因為大家的經濟利益都密切相連，犬牙交錯，你中有我，我中有你。然而在雙方博弈的過程中，則往往陷入「寧願激進不要保守」的陷阱中，形成了弔詭局面，面對「正反合」的辨證過程，導致政策被現實打臉，得不償失，讓決策者反思，呼喚智慧的抉擇。

美國總統拜登上台後，各方以為他會把特朗普的一些反科學、反智的對華政策推翻，改而採用與北京「相向並行」的正面政策，但沒想到拜登還是沿襲特朗普對華的高關稅，甚至在台海、香港和新疆問題上，變本加厲，對北京施壓。

但客觀的後果是，拜登不但沒有迎來美國對華的順差，反而是美國對華逆差加速擴大，因為在疫情之下，美國對口罩、防護衣、呼吸機等中國製造產品的需求飆升，而拜登政府發給老百姓三萬億美元的紓困基金

也大都「貢獻」給了中國，因為民間消費大多是電子產品與民生用品，而這都是中國製造的強項，儘管當局加了關稅，但中國貨在美國市場上還是最有競爭力。拜登以為用關稅來壓制中國，但其實都被商家轉嫁給美國的消費者，對中國企業反而沒有甚麼殺傷力。對拜登政府來說，可說事與願違，被現實打臉。

美國在新疆問題上發動「政治作戰」，推動企業要排除「新疆棉」。鼓吹說北京在新疆採取「種族滅絕」，要全面抵制。但問題是真的假不了，假的真不了，新疆並沒有出現「種族滅絕」的事實，越來越獲得更多的客觀驗證，包括美國國務院的法律部門，都對白宮的說法提出異議，而在西方陣營中，各國政府都不敢為美國當局的指控背書。

「五眼聯盟」的新西蘭已經公開表態，認為對華政策不應將一切泛政治化，新西蘭的國家利益不能被幾個安格魯撒克遜大國牽着鼻子走，而是要實事求是，認清楚事實，不能靠意識形態治國。

在英國，下議院通過一個沒約束力的議案，指責中國在新疆「種族滅絕」，但卻被踢爆只有五人出席，因而「全體一致通過」，卻無法代表英國國會六百五十

位議員的民意。約翰遜政府已經表明態度，新疆是否出現種族滅絕，需要由國際法院來調查，英國政府對此沒有立場。

至於敏感的台灣問題，美國與日本在高峰會議上，確定了「台灣問題」是美日安保條約所涵蓋，並包括了釣島（尖閣群島）。台灣綠營媒體對此雀躍不已，但細心的國際媒體發現，美日聲明中還加上一條重要的尾巴，就是呼籲兩岸雙方談判解決紛爭，而不是動輒干戈相見。

有關香港問題，拜登開始似乎全力支持香港黑暴分子，認為他們是「民主鬥士」，甚至提出給他們政治庇護。但後來香港的美商提供信息給華府，讓拜登赫然驚醒，這些砸爛香港立法會、焚燒地鐵站、堵塞公路的暴亂分子，其實和攻佔美國國會的特朗普支持者沒有兩樣，都是危害社會的亂源，尤其香港這些黑暴力量，還攻擊香港的星巴克和麥當勞美資企業，美國政府又豈能與他們為伍，損害美商利益。同時，香港的商業地位，最近在加密貨幣與區塊鏈的發展中，都顯示香港資金自由流通、低稅政策的優勢。《福布斯》統計顯示，去年香港三十歲以下最有錢的人，是來自

美國、兩年前在香港設立加密貨幣交易所 FTX 的山姆（Sam Bankman Fried）。這位畢業於麻省理工學院物理系、今年二十九歲的美國人，只有在香港這樣經濟自由的環境裏，財富才可以迅速累積到八十七億美元。那些「唱衰」香港、說「香港已死」的港獨分子就被這位美國人在港發大財的故事打臉，成為歷史巨大的諷刺。

不過，北京在處理區塊鏈與加密貨幣的問題上，由於過份謹慎，近年訂下太多限制，導致民間所建立的「挖礦」優勢，以及在加密貨幣領域上的突破，都被美國企業逆轉。美國企業家並不是比中國的同行更聰明，而是沒有被政府當局所規限住，反而靈活「走位」，善用香港的自由。北京在「新金融」方面太保守，將中國佔盡先機的優勢，拱手讓給美國新一代的企業家。

美國在經濟上對華的制裁，害己不害人，可以說是機關算盡太聰明，卻害了自己。中國對區塊鏈與新金融的限制，自以為可以操控，卻不曉得「去中心化」的全球金融體系是不可逆轉的趨勢，又豈能低估美國，錯估形勢，從領先變成了落後？

這就是歷史的弔詭，也是中美博弈的辯證發展。兩國的決策者都要保持高度的敏銳，既要接地氣，又要掌握國際最新局勢與最新科技的發展，才可以在未來的「競合」中，將自己的優勢「極大化」。

疫情暴露新自由主義禍害

新自由主義（Neoliberalism）是四十年來西方的顯學，鼓吹大市場，小政府，認為政府本身就是問題所在，經濟的發展與社會的發育要靠市場機制的力量，並且追求資源的金融化，務求利潤極大化，認為這樣才可以發揮人類的積極能動性，作出資源的最佳分配。自美國列根政府與英國撒切爾夫人政府的推廣，取得西方社會的主流地位，其他思潮與政治勢力都無法攖其鋒，難以撼動它的主導位置。

但這次襲向全球的新冠病毒，卻暴露了新自由主義的禍害。大市場根本無法應變，小政府的反應慢了幾拍，連對病毒性質的判斷，都完全誤判。美國總統特朗普開始說這就像一場流感，很快就會過去。他關心的不是疫情，而是股市行情。英國首相約翰遜更說可以用「群體免疫」（Herd Immunity）妙招對付，聲稱只要英國全國六千多萬人口中，有六成感染了，就可以產生抗體，形成「群體免疫」的效應。不過話音未落，他自己就染上了新冠病毒，一度病危，要住進

ICU 重症病房，成為一大諷刺，而英國二零二一年六月已逾十二萬多人死亡。

而特朗普應對疫情的荒腔走板，他在白宮記者會上宣稱可以服用或注射消毒劑來抗疫，有些美國人真的相信這一套，結果要送院治理。翌日他說只是開玩笑而已。當然，特朗普亂搞，不能直接怪罪新自由主義，但他卻是在這種對市場崇拜中所冒起的民粹政客，迎合那些中下層白人，用反智言論做訴求，結果鬧出美國很多人死亡的悲劇。

新自由主義的理念，也導致美國成為全球先進國家中唯一沒有全國健康保險系統的國家，疫情初起，很多病人就是因為懼怕高昂醫療費用，而不敢就醫，迅速死去。後來聯邦宣佈提供免費檢測與醫療，但沒有身份的移民工人往往不敢公開病情而悄悄死去。

疫情也暴露新自由主義下的種族矛盾與階級矛盾。底層社會與黑人族群死亡率都高於美國平均數。密芝根州的黑人人口只佔百分之十四，但死亡率卻佔全州人口的百分之四十。在紐約州，低收入區域的死亡率也佔了該州死亡率的大部份，尤其是拉美裔的死亡率更是驚人。紐約的計程車司機都說，城市內的有錢人

都去了郊區的房子避疫，剩下了窮人在抗爭病毒。

不少財團也在疫情中搭上了暴利的列車。美國及全球首富貝索斯（Jeff Bezos）的亞馬遜集團由於網購的生意暴升，利潤翻了好幾倍。創新科技的 Zoom 由於在遠距辦公和教育上發揮作用，股價也飆升。但中小企業很多都倒閉，美國出現大蕭條後最龐大的失業大軍，觸目驚心。

新自由主義的市場崇拜，無法面對這次疫情危機，反而顯示美國亟需一個大有所為的、積極的政府，才能有效應對變局。當年凱恩斯主義的智慧，讓小羅斯福總統可以推動「新政」（New Deal），解救了大蕭條的危機，今天美國也需要走出新自由主義的窠臼，尋找新時代的新解藥。

新解藥其實就是回歸共和黨與民主黨的智慧，超越地方與市場的限制，不惜用聯邦的力量，解決深層的問題。一九五七年，美國阿肯色州小石城的中央高中拒絕黑人學生入學，當時共和黨的總統、美國第二次世界大戰諾曼第登陸戰統帥艾森豪，毅然派出美軍第一零一空降師到小石城，保護黑人學生入學，避免地方軍警偏袒白人種族主義者，落實黑白種族平等。

民主黨的總統甘迺迪也在六十年代任內推動民權法案，確保黑人可以獲得同樣的憲法權利，甚至最後因此在德州被刺殺身亡。但他的民權法案遺願由繼任者總統約翰遜實現，建立「大社會」計劃（Great Society），造福底層民眾。

前總統奧巴馬曾在任內推動全國醫療保險計劃（Obamacare），確保所有的美國人都不會因為經濟匱乏而看不起醫生。但可惜在最後關頭，被右翼政客阻擾，功虧一簣，胎死腹中。下一屆美國總統如果是當年奧巴馬的副手拜登勝出，他勢將延續奧巴馬的未竟之願，創建美國遲來的全國醫療系統，讓病者有其醫，不再陷入窮人更容易死亡的悲劇。

美國的變革願景，也是全球在疫情下對新自由主義的反思，要遠離新自由主義所派生的民粹主義的誘惑，不要讓那些看似有群眾魅力，但卻是高度反智、反對科學與理性的勢力趁機抬頭。

民粹與新自由主義的結合，成為英美兩國禍害的根源。全球在疫情的肆虐中，要有深刻的反思與扭轉局面的決心，才可以讓兩國至今共達七萬多名新冠病毒死者，不再只是一堆冷冰冰的數字而已。

疫情拷問中美治理模式

　　全球疫情正在考驗各國的治理能力，包括政府與社會的應變方法。中國決斷明快的防疫方式成為西方國家趨於效法的對象，但中國式的封城源於威權式政府的舉國體制，其他國家難以學習。以意大利為例，封城一度只是「玩假的」，飛機與鐵路還是照樣通行。後來疫情愈發嚴峻，要全國封鎖，但已經錯失防疫的最佳機會。歐洲國境的進出也礙於歐盟國家「申根公約」對於人員自由流動的規定，難以限制，因此防疫專家都擔心，歐洲的疫情會進一步惡化。

　　而美國的疫情也長期泛政治化。特朗普一直視新型病毒為流感，認為沒甚麼大不了。主流媒體狠批他是一頭政治的鴕鳥，不但把自己的頭鑽進沙堆裏，還要民眾跟他一樣「視而不見」。這在選舉年的美國當然引起了巨大的政治風暴。

　　但西方國家的政府反應往往受制於輿論的眾聲喧嘩。一些輿論甚至質疑政府的強勢反應是一種「軟威權」，可以藉此剝奪人民的權利，刺探人民的隱私。

意大利的哲學家阿岡本（Giorgio Agamben）就對此作出銳利的分析，但疫情與其他公共政策不同，它來勢洶洶，瞬間就是很多人的生死劫，包括法國的文化部長、葡萄牙的總統等都被病毒襲擊，讓人草木皆兵，再也不是可以持續辯論不休，而是需要劍及履及作出決定與行動。

最受大家關注的還是，在抗疫的世界裏，中國模式與美國模式的對決。中國被批判在事發之初反應太慢，但一旦確定病毒可以人傳人後，就發動舉國力量，堵塞病毒外流，並且全國支援武漢。這不但是一場舉國體制的行動，甚至是一場戰爭狀態的全民動員。美國社會在這方面卻陷入理論與實踐上左支右絀的局面，相形之下，就有完全不同的表現。

特朗普政府的「自欺欺人」策略，在病毒大軍壓境的情況下，完全行不通。全面社區爆發，已經是難以避免的殘酷事實。美國將出現比中國更厲害的疫情。這都由於美國社會無法落實城市封閉的對策，也無法說服民眾，要有強大的自我約束的公民紀律。

但美國更深層的公共衛生的危機，是缺乏一個全國的公立醫療體系。在醫療私人化的市場機制下，患

者連病毒測試都要付出高昂的費用。在病毒之前，有些美國人肯定會比另外一些美國人「更平等」。這都會立刻觸動美國長期以來的貧富懸殊之痛，也使得美國尖銳的階級矛盾成為一道難以掩飾的政治傷口。當然，美國當局正在爭取保險公司的支持，支付很多老百姓檢測的費用。

同時，美國的「控槍」（Gun Control）問題也會立刻彰顯。在疫情之初，美國很多地方都出現搶購槍枝與彈藥的狂潮。這是因為美國在歷次的天災與人禍的時刻，都會出現武裝暴亂，搶掠事件（Looting）與強姦等罪行屢見不鮮，民眾為了自保，就會開槍自衛，以武制暴。由於大規模的疫情爆發，在社會高度恐慌的情況下，出現難以想像的場景（Thinking the Un-thinkable）。

一場引爆全球恐慌的疫情，刺激不同國家的治理方式作出深刻的反思。中國要為開始時的疫情瞞報與虛報作出制度上的改革，不再讓官僚「唯上」的思維作祟，阻礙真相的揭露。但中國的全國動員體制則是面對危機時的有力反應，卻是其他國家所難以複製的。美國有開放與自由的媒體，但在社交媒體「假新聞」

充斥之際，無法讓民眾凝聚共識，而特朗普鴕鳥式的
對策只會讓危機加深。中美在疫情的挑戰下，展現不
同的反應，也揭開自身漂亮修辭背後的「硬核」內涵，
讓世人都可以看清楚一個真實的中國與美國。

基辛格主義五十週年反思

五十年前的春夏之交，美國國家安全顧問基辛格（Henry Kissinger，又譯季辛吉）籌備秘密前往北京，與總理周恩來見面，推動兩國關係正常化與總統尼克遜（又譯尼克松）訪華，讓曾經是死對頭的中美兩國最後建立邦交，改變了世界歷史。

最近快一百歲的基辛格接受媒體訪問重提中美關係，警告兩國在今天人工智能的時代，中美惡鬥若不加以克制，最後會陷入一場人類自我毀滅的結果，而這比當年冷戰時代美蘇核武之爭更危險，因為在人工智能的時代，很容易失控，一子錯就會全盤皆落索，沒有任何贏家。

基辛格指出當前中美之爭的危險性，超過了美蘇冷戰時期的想像，因為蘇聯只是軍事強國，但不是經濟大國，而今天中國是軍事大國與經濟大國，尤其在人工智能的領域，與美國並駕齊驅，甚至有些部份還領先，如果中國和美國不能合作，那麼就會走向世界末日（Armageddon-like）的衝突。

基辛格解釋説，中美的核武與人工智能的競爭惡化，若爆發戰爭，那麼「人類歷史上第一次有能力在有限的時間內自我毀滅」。

　　這是美國外交教父對白宮最嚴峻的警告。儘管基辛格是共和黨，但共和黨的特朗普一直冷待他，甚至總統任期的後期，將他象徵式的國防政策委員會成員的位置也拿掉，完全不給他面子，但基辛格在兩黨高層都很受尊敬，德高望重，他在外交上的洞見都有嚴謹研究的基礎，也有長期的外交實務經驗。他當年讓美國從越戰的泥淖中全身而退，切除了師疲兵老、屢敗屢戰的毒瘤，也巧妙地利用中國的籌碼，化解了蘇聯的威脅，並為後來總統列根瓦解蘇聯帝國的歷史功績，作出了重要的鋪墊。

　　基辛格主義的精髓，就是彰顯核武時代止戈息武的必要性，防止「保證相互毀滅」的結局。他發揮外交現實主義，合縱連橫，爭取國家的最大利益，但又避免雙輸的零和遊戲。基辛格不僅是理論家，也身體力行，鼓起如簧之舌，擺平國際間的巨大矛盾。他在五十年前首次訪華與周恩來密談，主要是「去意識形態化」，將中美在朝鮮戰爭、越戰等衝突的恩怨情仇，

都舉重若輕地一笑泯恩仇。

當年中美合作抑制了蘇聯的霸權，符合了中美兩國的國家利益，也導致中國在文革後的發展都以美國為重要的參考系，而不再學習蘇聯。從一九七八年中共十一屆三中全會改革開放之後，中國大量派遣學生到美國留學，估計四十多年來，共有逾百萬的中國學生留美，讓新一代中國人在潛意識中對美國有親近感，也培養了很多的知美派，超越了過去反美與親美的二分法。即便到了今天，歷經特朗普的制裁與拜登的強硬政策，中國企業在華爾街上市還創下歷史的新高，而留美學生在疫情與政情的陰影下，還是前仆後繼，在美國的校園尋求自己的美國夢。

同樣的，美國人對中國的了解也在上升，美國精英階層的子女都努力學習中文，從特朗普的外孫，到比爾・蓋茨的兒女、默多克的女兒等，都說字正腔圓的普通話（中國國語、華語），美國留學生在中國也越來越多，甚至出現一些專門在 YouTube 上介紹中國繁榮真相的美國網紅。

這其實是基辛格主義的一環，讓中美社會加強交流，互相深層認識，就可以避免不必要的衝突。尤其

年輕一代，可以用彼此都熟悉的語言與文化來交流，你中有我，我中有你，就像當前的中美經濟，都是犬牙交錯的關係，供應鏈彼此互補，政客要奢言「脫鉤」，根本就不可能。

比起美國其他的國際關係專家，基辛格更有強烈的歷史感，他強調中國的崛起其實是常態，也是意料中事，因為中國「幾千年以前就是大國」，美國企圖用強硬手段來壓制，都是徒勞。基辛格指出，美國應該學習如何與中國合作，在競爭中發現共同的利益，也在必須合作的領域中先開始緊密互動，如氣候危機的問題，如果沒有中美合作，就根本不可能解決。

美國總統拜登是民主黨，但他對共和黨的基辛格一直很尊重；他的外交團隊其實都是研讀基辛格的經典著作成長，也當然了解這位外交祖師爺最新言論的份量，都是為了美國的國家利益，不再擺出鷹派的陣勢來推動對華外交。

但基辛格深刻了解，外交是內政的延長，拜登當前對華政策往往是為了「內部消費」，以應付國內澎湃的民粹狂潮。但在骨子裏白宮的決策者理解，發動一場與中國的戰爭，只是害人害己，不僅毫無勝算，

還會導致世界末日。

　　這是基辛格秘密訪華五十年的反思，也是基辛格主義永遠不會消失的暮鼓晨鐘，驚醒那些還在迷戀「美國第一」的春秋大夢。

被遺忘的美國民權鐵腕力量

　　很多人都以為美國共和黨都是比較保守，支持華爾街的金權政治，但在美國的民權運動中，五十年代的共和黨總統艾森豪（Dwight Eisenhower）曾以鐵腕的手段，落實種族平等的理想，不惜以聯邦軍隊的力量，衝破美國南部反對種族融合的逆流，改變了美國社會的進程，贏得了歷史的掌聲。

　　一九五七年，美國阿肯色州小石鎮（Little Rock）中央高中被法院下令要打破種族隔離的惡習，准許九名成績優秀的黑人學生，進入小石鎮中央高中就讀，與白人學生一起學習，不得隔離。但該州的州長在白人民意支持下，派出警察與國民警衛軍，阻止這些黑人學生入學。遠在華府的艾森豪總統勃然大怒，他首先宣佈將本來由州長節制的國民警衛軍「聯邦化」，讓他們返回軍營，同時另外派出美軍最精銳的部隊一零一空降師，如飛將軍自天而降，抵達小石城，保護這九名黑人學生入學。

這些不尋常的舉動，讓艾森豪再度成為全球矚目的領袖。在此之前的十三年，也就是一九四四年六月六日，艾森豪是指揮盟軍在法國諾曼第登陸的統帥，是美國摧毀納粹德軍、贏得二戰的關鍵人物。他戰後脫下軍服從政，當上美國總統，在關鍵的時刻還是決策明快，不改鐵腕作風，對抗反動的勢力。

從歷史看今天，同為共和黨的特朗普總統，卻走到艾森豪的反面，也走到美國民權運動的反面。這位鼓吹「美國優先」的總統其實是在破壞美國軟實力，或明或暗地支持白人優越主義，也和極右勢力的「Q匿名者」組織眉來眼去。他在這次全美反警暴運動中，不但沒有穩定民心，還說出一些火上加油的言論，導致示威群眾包圍白宮，讓他與家人都要逃到地下堡壘暫避。

艾森豪總統還有一項了不起的特色，就是極有反思的能力。儘管共和黨的支持者與金主都是財團與華爾街大亨，但艾森豪在離任演說中就警告說，美國民主的危機是政府被軍工綜合體（Military-Industrial Complex）控制，受特殊利益的驅動，左右國策。今天特朗普的外交政策就被批評是照顧特殊的軍工綜合體，

如在售台武器上，將美國的一些過時的舊武器賣給台灣，但又比其他國家貴很多，等於是佔盡台灣的便宜。

　　歷史學家研究艾森豪的思想，發現他受到當時美國學者米爾斯（C. Wright Mills）的作品《權力精英》（*The Power Elite*）的影響，警惕商界特殊利益集團對國家政策的不當影響力。艾森豪軍人從政，發現銀彈的威力，有時候比砲彈更厲害，必須嚴加防範。但這些共和黨前輩的睿智，卻被特朗普逆轉，反其道而行。這是美國人民的悲哀，也是美國歷史的悲哀。

真相的瞬間決定歷史的方向

　　誰可以掌握真相的瞬間？（Moment of truth）在很多轟動的大新聞中，有一些看似微小的、不起眼的剎那，卻有關鍵性的意義。二零二一年美國國會山莊被特朗普的粉絲所攻陷，共有五人死亡，也導致特朗普被美國司法當局追究，但最新的視頻流出，卻發現很多更恐怖的鏡頭，如果不是最後陰差陽錯的躲開，後果會更悲慘，歷史更會被改寫。

　　首先是暴徒在衝進國會之後，就不斷大喊要「吊死彭斯」。這位副總統沒有配合特朗普的呼籲，宣佈拜登當選不合法，被特朗普的粉絲視為「背叛」，要將他抓來剝皮。當時的情景千鈞一髮，幸好國會的警衛在這關鍵時刻，帶領彭斯與一些參眾議員，往一條秘密隧道逃走，避開了暴徒的追殺。

　　新聞的視頻中，都看到議員躲在國會椅子下面的驚悚鏡頭，也看到催淚彈爆炸後的刺鼻氣體瀰漫。這恍惚就是一場好萊塢大片的畫面，但在現實的世界，卻可能是一大批美國政壇精英被屠殺的悲劇。

最後副總統與議員們化險為夷，當然歸功於這些英勇的國會警衛。但另外的視頻卻也發現，有些國會警衛與入侵的暴亂者似乎都是同一夥的，他們在一起手機自拍，好像慶祝勝利突破。事實上，目前調查的聯邦密探懷疑，有些國會警衛與入侵者都認識，因此成為「帶路黨」，裏應外合，輕易找到眾院議長佩洛西的辦公室，不僅在那邊拍照發朋友圈炫耀，還悄悄地偷走她的筆電，可能洩漏涉及國家機密的情報。

不過更令人「後怕」的，還是一位來自阿拉巴馬州的特朗普粉絲的小卡車，在國會外街上被聯邦密探截獲，發現他車上藏有一批攻擊性武器與彈藥，火力強大，若不是及時發現，很可能就會掀起一場「大規模殺傷」的腥風血雨。

這都是新聞「真相的瞬間」，它們如何展現、如何被報道、如何被記住，都決定了歷史的方向。

國會山莊之亂，也許就是不幸中的大幸。它沒有奪去更多的生命，但卻使得美國的政治生命獲得重生的機會，不再被謊言推動的民粹主義所控制，不再被暴徒所劫持。副總統彭斯與共和黨參議院議長麥康奈爾由於被暴徒以生命威脅，劫後餘生，都對特朗普的

民粹暴力痛恨不已，公開和特朗普發動粉絲攻打國會之舉切割，發表聲明譴責。

也許是壞事變好事，一場流產的政變，卻催生了美國政治更多理性的反思，也催生了共和黨內部理性力量的抬頭，要擺脫特朗普的操控，不再被他的花言巧語所迷惑，而是重返林肯總統以降的共和黨傳統，重視「國家、責任、榮譽」，讓美國的政治價值光譜，尋回理性的光芒。

誰為生命的最後防線把關

　　二零二零年，美國死於新冠病毒的很多人，在彌留之際，還在等待那一部還沒運到的中國呼吸機（ventilator）。他們癡癡地等，奇怪為甚麼世界第一強國卻做不出來一部呼吸機，而要依靠中國運來救命。

　　歷史上從來沒有一刻，讓很多人感到生命如此的脆弱。僅僅是一部機器，就可以改變陰陽永隔的局面。

　　而這一切都是特朗普的錯。他高估了自己的直覺，低估了病毒的威力，錯估了疫情的形勢，讓美國疫情的死亡人數迄今飆升至約六十萬人。這是美國歷史的醜聞，也是美國開國元勳所沒想到的發展，讓一個庸碌的狂人特朗普來治理美國，落得今天這樣的下場。

　　從美國史家的觀點，這也是全球化的錯，讓美國踏進全球化的陷阱，被它的「致命吸引力」所左右，集中資源發展金融、電腦軟件等高利潤的產品，而將毛利越來越低的製造業移往海外，最後造成美國製造業空心化。

　　呼吸機就是受害者。美國廠家很多不屑製造呼吸

機這種價位平均約兩萬美元的產品，他們認為將生產線移往亞洲國家，成本更低，才可以發揮經濟上的比較優勢。

但他們誤讀呼吸機的特色，它本質上是一種戰略物資，在關鍵時刻，可以發揮關鍵作用。如果沒有足夠的儲備，就會陷入受制於人的局面。

很多美國人也不明白，為何過去科技落後的中國，近年可以躋身高科技產品的行列，甚至在這次新冠疫情中，憑藉呼吸機等醫療用品，被歐美諸國所仰仗。這其實與中國改革開放後的教育發展有關，近年高考人數以千萬計，重視專業的標準，不再被政治教條左右，培養了大量的人才，理工科的畢業生高達幾百萬，超過了美國、日本、韓國和台灣的總和，組成全球最大的科研團隊與工程師隊伍，為中國的基建和科研作出重大的貢獻。

中國呼吸機的先鋒品牌都有強大的科研能力，享有不少專利，被視為醫療器材界的華為與小米，在全球呼吸機的競爭中，可以與德國和日本的對手爭一日之長短。

由於中國的市場龐大，業者也群雄並起，也在不

斷的市場考驗中，面對用家的回饋，精益求精，最後才可以在國際市場中佔一席之地。

因而在歐美的重症病房裏，常常看到中國呼吸機的牌子。它們成為很多人生命的最後防線，為生死一線之隔把關，也在異國的絕望中，展現中國的創新與希望。那些在鬼門關前面瀟灑走一回的病人，呼吸到那一口救回一命的空氣，也吸進了中國改革的最新能量。

逆境倒逼中國逆勢突破

疫情。這是中文世界一年多來出現頻率最高的詞，簡練，卻又涵義豐富，言在意外，都有一種無聲的恐懼。就在人人都是「疫情」二字說不停之際，在那種無邊的焦慮中，卻迫使中國人發現過去所難以想像的突破。

這也是今天中國一些逆市飆升企業的路徑。恰恰是整個中國都在「停頓」的時刻，敏銳的企業家卻找到逆勢而上的機緣。本來被迫宅在家、上班、上學與社交活動都要停頓，卻開創了很多的商機。

從歷史來看，逆境就是創意的最佳切入點。十八年前的 SARS 非典風暴中，很多人都坐困愁城，但當時在杭州的馬雲卻嗅到突破的機會，在阿里巴巴的員工被隔離之際，他創辦了淘寶，也收穫了巨大的商業利益。如果沒有非典，就沒有淘寶。可以說，非典成為淘寶的孵化器，創造了中國電商市場的奇蹟。

今天新冠疫情也帶來新的機緣，讓網絡買菜、遠距教育、在家辦公、遠距醫療、新藥開發等平台都逆

勢上升。這也立刻反映在股市的指標，顯示這些行業的強大動力。

但這不僅是商業上的成就，也是網絡創新的新一頁。讓中國在網絡世界中，擁有更多的大數據，可以精益求精，為未來功效更為強大的系統作出鋪墊。

這些強大的系統就是人工智能（Artificial Intelligence）、區塊鏈（Blockchain）、雲計算（Cloud-computing）。這三大平台，簡稱為 ABC，都是中國當前與美國競爭激烈的項目。因而疫情的發展，反而刺激中國在這些領域作出更多新的實踐，累積更多的大數據，也擁有更多脫穎而出的優勢。

尤其中國在 5G 方面，早就領先美國。儘管美國游說全球幾十個國家抵制中國華為的 5G，但迄今為止，只有澳洲、新西蘭和日本對美國言聽計從，但是歐洲的英國、法國和德國都認為要從自身的國家利益出發，探索與華為合作，開發 5G。這對美國來說是一記沉重的打擊，也顯示中國在科技創新的底氣。

但更強的底氣還是這次疫情所帶來的機緣，讓中國可以在 ABC 與 5G 領域加速發展。預料在機器人、無人駕駛、基因發展、和製造新藥方面，都會出現新

的突破，因為在疫情危急之際，可以倒逼中國勇於嘗試創新，在更多的場域大展拳腳。二零零三年的馬雲可以，為甚麼二零二零年的「馬雲們」不可以？

疫情版圖改變權力版圖

二零二零年是世界歷史轉彎的一年。中美的國力在這一年間出現黃金交叉，美國不僅被疫情影響經濟的發展，而且深陷疫情被高度政治化的後遺症。即便在特朗普敗選之後，美國仍然要面對一個高度撕裂、兩派對立的社會，拜登上台後，還要尋找如何彌補裂痕路徑。而對中國來說，二零二零是逆勢飆升的一年。中國發揮組織化社會的特色，一方有難，八方支援，快速控制疫情，還出現疫後經濟強勁反彈的力道。中國十四億人口死了四千多人，而美國三億多人口，卻迄今死了約六十萬人，形成強烈的對比。

疫情的版圖，不僅是生與死的感情版圖，也令權力版圖發生微妙的改變。中美的博弈，疫情是關鍵的變數。美國無力解決一場公衛危機，暴露美國制度上的缺陷，也暴露了政治文化「內鬥內行、外鬥外行」的偏差，看似霸氣凌人，但單邊主義反而無法保障美國的國家利益，引起了美國知識界的高度焦慮。

中國抗疫成功，內部的凝聚力與對領導層的支持

度上升到歷史高點，讓決策者充滿「制度自信」，也引起不同意見的聲音被壓縮，無法在體制內外作出制衡。中國的知識界也出現焦慮，是否會造成黨國體制的權力更趨膨脹，讓民間的權利萎縮？

不過支持北京當局的聲音認為，恰恰是中國的體制，才可以保障人民的生命權，而背後的力量，還在於政府的治理能力。

治理能力也許是中美博弈的關鍵詞。在疫情的危機中，考驗不同國家的應變能力。美國是全球最強大的國家，但在疫情面前，卻成為最脆弱的國家，至今死了二千多名醫護人員。住院的人數爆炸性增長，整個醫療系統陷入緊急狀態。

但美國的痛苦其實不是病毒的兇猛，而是「政治病毒」殺人於無形。由於總統特朗普的「輕敵」，另有政治的盤算，以此來爭取底層白人的選票，他不主張戴口罩，也反對封城，結果感染人數越來越多，也導致美國疫情的失控。

相對地，中國卻在這次疫情中學到教訓，艾芬、李文亮等醫生最早示警，但卻被地方政府鎮壓掩蓋，李文亮最後甚至染病死亡。這樣慘痛的教訓導致北京立

法，規定任何單位和個人有權向人民政府及其有關部門報告突發公共衛生事件隱患，這被中國網友稱為「李文亮條款」，要確保民間在權力面前說真話的權利。

一場病毒的來襲，改變了中美兩國未來的發展軌跡，奇正相生，成為里程碑式的歷史節點，刺激各方追求更理想的未來。

國際變幻

泛亞的鐵軌像記憶一樣長

　　從昆明高鐵南站出發，越過中南半島的幾個國家，可以抵達兩千六百多公里外的新加坡，體會蕉風椰雨的風情。這是泛亞鐵路夢想的開始，也是東南亞交通壁壘的結束。

　　越戰結束之後，東南亞的硝煙隨風而逝，很多人都好奇地問，為甚麼軌道交通不能穿越叢林，為甚麼泛亞的列車不能開往希望的驛站？

　　在西方列強殖民統治時期，東南亞也有一些鐵路建設，但卻沒有泛亞的概念，各搞各的，形成各國軌道的寬度都不一樣，法國的窄軌，和英國的寬軌，互不相容，也使得穿越國界的軌道交通，成為遙遠的夢想。

　　中國高鐵的崛起，讓泛亞鐵路的藍圖不再是夢。雲南、廣西兩地的高鐵都越來越成熟，它們都在躍躍欲試，要跨越國界，尋找希望的南方。

　　從昆明到老撾的鐵路已經在興建，而泰國內部也在建設新的鐵路，讓東南亞諸國連接起來的鐵路網，

也許就可以在一代人的時間內完成。

一帶一路的宏圖，也呼喚泛亞鐵路的加速發展。中國的技術、資金與人才都升火待發，也取得某些突破，包括老撾、柬埔寨、泰國等，都願意合作。

但政治上的攔路虎還躲在暗處，製造各種的路障。越南由於一九七九年的中越之戰的後遺症，對一帶一路還是很有戒心，在鐵路計劃上不願意與中國合作，但也探索和日本聯合興建的未來。

東盟經濟在疫情下飆升，也帶來高鐵發展的時代呼喚。繁榮的經濟，需要更多快捷與可靠的軌道交通。這次吉隆坡與新加坡的高鐵胎死腹中，其實是逆時代潮流而動，面對兩國民意的責罵，輿論大多希望將來可以輾轉捲土重來，打通政治上的障礙，不要被大馬那些短視的政客所左右，而是以民意為依歸。

鐵路總是帶來希望的聯想。作家余光中的文章《記憶像鐵軌一樣長》，寫鐵軌與記憶的交纏，成為散文的經典。他在抗戰歲月逃難的火車經驗，到在香港中文大學任教時看連接九龍與內地的火車，看到從舊式火車頭到電氣化火車的變化，時空交錯，意識流動，讓軌道承載那些拒絕消逝的風景。

今天泛亞鐵路的軌道，也承載拒絕消逝的風景，
讓夢想像東南亞的歷史記憶一樣長，都在憶苦思甜，
毋忘昔日軌道的局限性，讓高鐵之夢延伸到人心深處，
開往亞洲政治經濟的春天。

文化中華大熔爐

中華民族的大熔爐政策，一般以為只是源於清末民初，強調「漢滿蒙回藏」五族共和。但中華文化的大熔爐力量，其實更可以追溯到遙遠的唐代，顯示漢字的魅力，穿越民族的界限，成為淬煉文化中華的魔法。

唐代「詩仙」李白出生於吉爾吉斯的碎葉城，是混血兒，混雜胡人與漢人血統。他不拘一格，不受儒家禮教的束縛，作品像他的一杯酒，醉意中帶有綿綿不絕的想像力，讓讀者喝下一杯又一杯的驚奇，成為中國最有創意的文學家。

中國留美的英文作家哈金近年就出版了一本英文的李白傳記《通天之路李白》，寫出天才詩人的傳奇一生，讓英美社會都驚訝於這位最有國際視野的唐代作家，超越了傳統的文學格局，創造了世界級的文學成就，歷久彌新，讓世人驚艷。

李白的詩，影響西方社會的想像空間。著名的奧地利猶太裔作曲家馬勒（Gustav Mahler）創作了著名

的交響樂《大地之歌》，靈感的來源就是李白的詩。他透過李白的詩《悲歌行》等作品的譯本，了解一個他所不敢想像的東方世界，刺激他發現一些他過去所難以掌握的音符，創造音樂史上的奇蹟。

儘管元朝的蒙古人和清朝的滿人都是以優勢武力入主中原，成為統治階級，但在文化互動的過程中，蒙古文與滿文皆不敵漢字的勢力，元代的蒙古知識分子都用漢字寫下重要著作。到了清代，滿清皇帝康熙編纂了獨步古今的《康熙字典》，為漢字的建設添磚加瓦，而雍正皇帝甚至用漢字為《大義覺迷錄》作註釋，乾隆也寫了數以萬計的漢詩。這都顯示中華文化潛移默化的作用。

到了今天，熟悉滿文與蒙古文的人口非常少，而關鍵是這兩種文字都缺乏足夠的經典底蘊，沒有漢字那麼多的經史子集與唐詩宋詞，在神州大地失去了語言的競爭力。中華文化的豐富寶藏，也為各族人民所分享。

事實上，中文世界很多著名的文學家都不是漢人，清代詞人納蘭性德是滿人、《紅樓夢》作者曹雪芹是旗人，但漢字都是他們思想與才華的載體，也展示他

們發揮漢字魅力的機緣，超越了民族的血緣。

哈金（金雪飛）是駕馭中英兩種文字的高手。這位來自東北的留美學生成年後才開始發奮學英文，終於用英文寫出很多獲獎的小說，包括《等待》（*Waiting*）、《戰廢品》（*War Trash*）等。他的李白傳記在英語世界中打開中國文學魅力的大門，超越了現實政治的煩囂。

從李白到哈金，都在為穿越民族隔閡與文化藩籬而努力。在今天的互聯網世界，越來越多新一代跨域地域與語言的局限性，開創一個沒有傲慢與偏見的未來。

二零二零宏願的失望與希望

大馬二零二零宏願，曾經是振奮人心的願景。一九九一年，當時的首相馬哈迪提出國家發展的藍圖，提出要在二零二零年，將馬來西亞建成一個現代化的國家，也就是在二十年間，要每年維持百分之七的經濟增長率，並且要搭上網絡的快車，興建一條高新科技走廊，引領時代風潮。

但到了二零二零年，重看當年的願景與政治承諾，一切「都付笑談中」，昨日種種，成為今日的最痛。大馬網民甚至用「二零二零願景」（WaWasan2020）來形容被戳破的空話，譏諷那些空口說大話的浮滑之徒。

二十年來，大馬有太多的政治內耗，權力合縱連橫，黨同伐異，就以馬哈迪來說，他在政壇上翻雲覆雨，與安華的恩恩怨怨，分分合合，都成為經典的政治操作，而過程中引爆的貪腐與陰謀，更是案中有案，戲外有戲。

這也耗盡了精英階層的心力，沒有去面對這宏

願的前提，就是打造一個「馬來西亞民族」（Bangsa Malaysia），因為宏願所強調的挑戰之一，就是要「共建一個擁有共同價值觀與目標的團結馬來西亞，不分地域與種族差異和睦共處」。

但這樣的政治理想，二十年來都沒有實現，並且看起來還越來越遙遠，因為「馬來西亞民族」內部無法落實「人人生而平等」的原則。法律上，馬來人「土著」比「非土著」的華裔與印度裔擁有更多的權利。如果用喬治‧奧威爾的話來說：「有些群體比另外的群體更平等」（Some are more equal than the others）。這當然違反了現代國家的基本原則，也造成「非土著」的俊彥之士無法發揮長才，也難以對國家的發展作出應有的貢獻。

大馬華人近年移居其他國家的人數很多，尤其兩岸三地、澳洲等地，都是熱門的選擇。他們在異國的土地上，反而獲得本國所沒有的平等權利。他們像飛遠的燕子，翱翔在他鄉的天空，偶爾傳來「胡不歸」的呼喚，卻有近鄉情怯之嘆。

同時，大馬一些州屬近年走向伊斯蘭化，採取伊斯蘭法律，背棄了世俗化國家的基本信條，讓華人忡

忡不安，驀然回首，發現「二零二零宏願」的內容還強調要「創建一個開放與包容的社會」，但事與願違，政治的理想所託非人，讓二十年前的宏願成為泡影。

　　不過這次大馬華人在抗疫經濟中，逆水行舟，也帶來二零二零宏願的希望。也許在一個自由市場的經濟運作中，可以將逆境化為順境，將危機變為轉機。抗疫手套不僅是實體經濟的成功，也是金融經濟的成就。這是二零二零風雨中的一線陽光，照在那些抑鬱已久的集體心靈中，堅信經濟動力可以帶來國家的希望。

中日民間交流為何不絕如縷

　　儘管中日關係近期出現緊張局面，但中日民間的交流態勢卻是越來越密切。不僅是中國人對日本文化和語文的激情，日本精英對中國的熱情也在上升。他們都超越政府的唇槍舌劍，在民間社會的交往氛圍中，找到安身立命的新空間。

　　在 B 站和 YouTube 等視頻的平台，都可以看到中日民間交換生活碎片的過程，發現兩國文化的親近性，是任何其他國家都無法比擬的。這當然是因為漢字的緣份，中日民眾在漢字的橋樑上，看到了對方親切的面貌，也許有時候如霧如夢，如幻如真，但總可以找到那些文化的淵源，異中有同，同中有異。

　　過去幾年間，越來越多日本的年輕人與精英來到中國，他們本來只是來旅遊，但卻發現這個動力澎湃的社會，適合創業與生活。他們透過親身的經歷，否定了日本主流媒體對中國的扭曲，中國不再是那個遍地污染、到處都是失序混亂之地；恰恰相反，他們發現今天中國是欣欣向榮、力求勵精圖治、人民都很有

盼頭的社會。

　　同時，日本女性在中國尋回自己的權利，發現中國是一個比起日本更重視女性權益的國家，不需要為男性同事倒酒夾菜，不需要時刻都要看別人的臉色。中國企業高層也沒有針對女性的「玻璃天花板」，而是人盡其才，讓有才能的女性可以青雲直上。

　　對所有日本人來說，當代的中國提供了一個發展的新天地，不會被繁文縟節所局限。只要有才華，就可以脫穎而出。因而越來越多的日本學者與研究人員也喜歡來中國工作，尋找日本所沒有的創意與自由。

　　另一方面，中國新一代也在日本留學與生活的經驗中，學到日本社會細密的生活方式，重視匠人精神，刻苦努力，重視建立企業內部的共識，也不忘社區內部的協作，共同來解決問題。尤其在天災頻密的日本，社會上早已建立一種處變不驚、共同應對逆境的精神。當然，日本重視整潔，一切井然有序，不慌不忙，都讓中國人印象深刻。

　　在日本的農村，也可以發現中國的新一代深入其間，觀摩日本鄉下的操作，如何將農業精耕細作，形成一條重要的產業鏈。中國的鄉村振興，也要學習日

本的農業發展特色，創造更多的附加值。

　　日本人來到中國，才發現這兒對高新科技的應用比日本更迅速。日本新一代也喜歡中國的短視頻，為那些「直播帶貨」而驚訝不已。

　　也就是在中日民間的緊密的交流中，雙方都建立了一種新的默契，盡量去學習對方的優點，反思自己的缺點。中日兩國一衣帶水，分享很多共同的歷史與文化。儘管兩國歷經百多年的衝突與恩怨情仇，但民間都有一種揮之不去的情愫，你中有我、我中有你，就好像面對獨特的鏡子，在對方的影子中看到更好的自己。

喜馬拉雅藍天揮別冷戰殘雪

　　喜馬拉雅的冰雪，也是冷戰的殘雪。橫亙在中國、印度、尼泊爾一帶的世界巔峰，長期以來分隔着這三個國家，也延伸冷戰時期的猜疑與圍堵，讓地理上的阻隔與心理上的阻隔交織。

　　儘管冷戰已經結束了二十多年，但這樣的心態還在喜馬拉雅山的上空飄蕩。而美國近年所推動的「印太戰略」，就是要從印度到日本之間連成一條遏制中國的鏈條，形成軍事上的震懾作用，不斷宣傳「中國威脅論」，從而將中國經濟的繁榮與崛起加以「妖魔化」。

　　這都是冷戰心態的發酵，但卻與現實相抵觸。進入了二十一世紀，和平發展、揚棄教條，提升人民的福祉，成為各國政策的主旋律。中印與尼泊爾三國都發現，過去很多的敵意都已經是過時的產物，不應再成為國家交往的障礙。

　　其實中印的領土之爭都可以長期擱置，那些土地在喜馬拉雅的雪山深處，荒無人煙。寸土之爭，看似

彼此都沒有妥協的空間，但雙方換一個方向思考，則是海闊天空。

中國與尼泊爾之間，更是沒有化不開的矛盾。西藏流亡人士長期聚居尼泊爾，但由於尼泊爾當局保證不會損害中國利益，在兩國緊密交流下，彼此心結解開。

尼泊爾人其實長期都受到「陸鎖國」的限制，全國兩千九百多萬人口，在能源方面無法自給自足，國家發展受到限制，沒有甚麼工業基礎，他們都希望與中國有更多的聯繫，分享中國琳瑯滿目的商品，期盼中國的鐵路可以穿越喜馬拉雅，打通隧道，讓天塹變通途，才可以舊貌換新顏，展示風雪中「敢教日月換新天」的氣魄。

尼泊爾和中國還有不少歷史淵源。佛陀釋迦牟尼就出生在尼泊爾的藍毗尼，至今不少中國佛教徒都喜歡到藍毗尼朝聖。

民國肇始之際，袁世凱一度邀請尼泊爾參與中華民國的「五族共和」，成為「漢滿蒙回藏」的一員。儘管這樣的政治姻緣沒有成功，但也讓兩國之間多了一份情緣。

其實亞洲人的問題由亞洲人來解決，已經是歷史不可逆轉的方向，也是這次喜馬拉雅風雪化解的方向。美國以一個局外人的立場，在亞洲鼓吹冷戰時期的猜疑與仇恨，不僅與現實脫節，更是自我矛盾。因為特朗普所提出的「美國優先」是唯我獨尊，對第三世界國家都有不可言喻的陰影，而特朗普甚至還一度威脅要對印度的輸美產品加徵關稅，導致印度總理莫迪幡然醒悟，美國是不可靠的朋友，反而中國在國際關係上是言而有信，不會背叛朋友。

　　這都促使中國與印度、尼泊爾走上和解與合作的道路。可以說，沒有特朗普的翻雲覆雨，就沒有這次喜馬拉雅的風雪之春。冷戰的殘雪逐漸融化，不能再阻擋亞洲國家大步前進。

組織的密碼與密碼的組織

　　日本怎麼會輸掉第二次世界大戰？一般的歷史教科書都是強調美國原子彈的作用，但其實背後是有更深層的原因。

　　日本軍隊曾經在太平洋戰爭中所向披靡，哈佛畢業的山本五十六統帥策劃的珍珠港偷襲，讓美國海軍損失慘重，並攻陷新加坡、馬尼拉、香港。但美國在羅斯福總統的領導下，啟動「民主武器庫」的巨大生產力，發動大反攻，而扭轉戰役的利器，就是破譯了日本皇軍的密碼。

　　密碼為甚麼會被破譯？這似乎只是美國的運氣，但史家的研究發現，美軍的情報專家在竊聽日軍的密碼時，都可以發現每一個信件都有些固定的句型、格式，上下文推測，掌握文字的規律，終於破譯密碼。

　　這也導致美軍發現山本五十六在新幾內亞機場起飛的情報，在附近埋伏，將這位統帥的座機擊落，從而在太平洋戰場中逆襲，扭轉戰局。

　　密碼戰失敗與山本五十六之死，是日軍失利的開

始。戰史專家從更深層的組織問題出發，發現日本組織上的優勢也往往是它的劣勢，在勝利的掌聲與鮮花的背後，其實早已暗藏自我毀滅的因子，最後走上兵敗如山倒的結局。

日本組織的優勢是人力資源素質高，紀律性強，敢於犧牲，冒險犯難。但它的高層決策模式重視取得共識，越是重大的事件，責任範圍就越不明朗，對結果誰都不負責。

共識政治（Consensus Politics）本來是日本的獨特文化傳統，和西方的「多數決」不同，也與獨裁的強人政治不一樣，日本人的決策重視取得共識，才可以推動組織發揮如臂使指、渾然一體的功效。這也許可以追溯到幕府時代，是日本人習慣的組織管理的方式。它的好處是集思廣益，避免一言堂，防止權力的跋扈。

但另一方面，它也造成決策上的漏洞，太過拘泥於過去的先例，程序先行，一板一眼，一個蘿蔔一個坑，因此容易被對手「看破手腳」。

密碼的疏漏，與行事風格上的僵硬有關，當年日本軍中的情報書信還是要有上下級的格式，按程序辦事，開頭與最後的問候語句也使得語法與句型重複，

被破譯者找到了破綻。

　　日本這次防疫失敗，也使得日本的組織僵硬與死板的問題暴露。日本人擅長做好計劃，仔細執行，但短處是不知靈活處理變局。防疫如作戰，病毒不斷變種，和戰爭中的敵人一樣狡猾；若不知道應變，就會吃了大虧。

　　因而這次疫情之變，也使得日本社會反思，如何記取教訓，不要讓人力資源的優勢成為劣勢，不要讓組織的密碼，成為自我設限的密碼組織，陷入被死亡誘惑的迷宮，重演被命運擊敗的歷史劇本。

泰國的歲月靜好與現世安穩

　　泰國的王室傳說總是和好萊塢電影《國王與我》
（The King & I）糾纏在一起。這部在泰國被禁的電影
是五十年代賣座很好的作品，也顯示好萊塢的傲慢與
偏見，用西方的眼睛來看泰國社會與宮廷生活，潛台
詞就是英美文化的優越，可以成為「教化」第三世界
國家的良藥。

　　從娛樂性來看，這部電影涵蓋了各種獵奇的元素，
讓西方人對泰國有無限的想像空間，但骨子裏就是泰
國要仰仗英美文化才能進入文明國家的行列。在那些
熱鬧的歌舞中，在那些曲折離奇的男女情愛中，都有
一個永恆的主題，就是向西方學習，才可以航向理想
的彼岸。

　　美國的巴勒斯坦裔學者薩伊德（Edward Said）的
經典作品《東方主義》（Orientalism）就指出，西方
人看亞洲文化，常常用西方的想像，來看異國的變貌，
有關的宏大敘述都是片面與扭曲的，常常是隔靴搔癢，
抓不到癢處。只有由本國人民來說自己的故事，才能

尋回自己的主體性。

對泰國人來說，最好的王室題材的影視是泰劇《出逃的公主》，描寫王儲繼承人娜拉公主與侍衛官阿諾泰的畸戀，由於無法跨越身份，命定走向悲劇的結局，蕩氣迴腸。耶梭吞王國內外的權勢鬥爭與政治陰謀，離奇曲折。

泰國政治也曾經離奇曲折，在強權之間擺盪，二次世界大戰時，泰國曾經與日本聯盟，被東京視為「亞洲的意大利」，等於是納粹德國眼中的墨索里尼。但後來泰國又倒向西方，成為美國勢力在東南亞的重鎮。其實泰國還是服膺國際關係的核心思想：沒有永遠的朋友與敵人，只有永遠的利益。

戰後的泰國政治，也是在民主與軍政府之間擺盪。當年紅衫軍與黃衫軍的對峙場面，全球矚目。但一個撕裂的社會，總是違反大部份人民的利益，也因此最後由軍方領袖來管治，又獲得泰國王室的支持，維持一個繁華穩定的局面。

其實泰國社會背後的重要精神支撐，在於小乘佛教，以一種慈悲心情，面對生命的橫逆。經歷寺廟的修煉，是人生不可或缺的歷程，歲月靜好，才能現世

安穩。這是泰國人的生活體驗，無論政治上如何變動，他們始終保持內心平靜。

但內心的平靜無論如何強大，也要面對現實世界的戲劇化起伏。近年泰國的影視異常發達，題材也越來越多元化，對人生的切入點也有不少巧思之處，讓全球華人社會驚艷，像《出逃的公主》一劇，在中國大陸市場大受歡迎，擄獲不少影迷的心。

在今天社交媒體流行的時代，王宮的八卦成為最受歡迎的耳語，也是禁無可禁的信息。王妃詩妮娜的命運峰迴路轉，她的「二進宮」，牽動多少泰國人的心。但只有透過國際媒體的報道，才可以追查真相。她的故事，是否總有一天會成為影視作品？

中國與印度互動的奇特情緣

儘管中國與印度有時候外交關係緊張，但其實雙方的歷史與文化淵源深厚。在幾千年的文化交流中，彼此交換生命的碎片，不斷刺激雙方思考很多深層的問題。

最明顯的是佛教自印度東傳，不僅在中國落地生根，還開枝散葉，再傳到日本，蛻變成不同的面貌。釋迦牟尼的傳奇，成為中國的佛祖，後來達摩東來，更創建了禪宗，開拓了少林寺的江湖傳說。玄奘取西經，唐三藏的故事，都成為中國的經典，演繹為家喻戶曉的《西遊記》，而印度就變成很多中國人的獨特的想像空間，可以像孫悟空那樣，翻一個「觔斗雲」就可以去到印度，一睹西域真面目。

但最重要的是，佛教在印度後來不僅式微，甚至被當權派追殺，連根拔起，佛陀的理想只有在神州大地才能實現。也就是源於南亞的宗教理念與實踐，雖然在印度灰飛煙滅，但在中國與東亞保持命脈，並發揚光大，成為影響全球的宗教勢力。

即便到了近代，印度文化界的動向都影響中國。一九二四年，印度詩人泰戈爾（R. Tagore）訪華，受到梁啟超、徐志摩、林徽因的熱烈歡迎，但也被魯迅、郭沫若、茅盾等抨擊，掀起了風潮。背後其實是泰戈爾的一些言論，被左派解讀為放棄反抗英國殖民主義，殊不知泰戈爾雖然早在一九一三年獲得諾貝爾文學獎，但他在一九一九年就拒絕了英廷頒給他的爵士頭銜，以示對大英帝國榮光的不屑。

　　一九四九年共和國建政，印度是最早承認北京的國家之一，尼赫魯的不結盟政策都與毛澤東、周恩來的政治哲學不謀而合。但中印的關係也觸發西方的猜忌，加上地緣政治之爭，在西方大國的挑撥離間下，甚至爆發軍事衝突。一九六二年的中印戰爭，印度不敵，指揮官也被俘虜，很多武器與戰車都被繳獲，不過毛澤東在軍事勝利後，迅速向後撤退，並立刻送還俘虜與戰利品，企圖撫平裂縫。但戰爭畢竟傷了和氣，從此邊境摩擦成為兩國關係的一道傷痕。

　　不過在政治的緊張關係下，近年中國企業還是在印度非常活躍，中國的智慧型手機，如小米、Oppo、Vivo 等，由於性價比高，在印度很受歡迎。印度赴華

的商人與留學生也越來越多，在中國網絡上，印度網紅用流利中文説印度故事的視頻，都吸引很多中國粉絲。

正如泰戈爾在訪華時説：「來到中國，就如同回到故鄉，印度是中國極其親近的親屬，彼此是極老也極親愛的兄弟……」

卡繆小說暴露人心的病毒

人性是沒有斷層的。在新冠肺炎病毒肆虐之際，重新閱讀卡繆的小說《鼠疫》，會有更多的「自由聯想」與延伸的思考。這位一九五七年榮獲諾貝爾文學獎的法國作家，借一個城市陷入鼠疫的故事，展現「真實存在的圍困空間」，寫出人心的病毒，往往比生物的病毒更危害這世界。

卡繆首先挑戰那些將鼠疫宗教化的迷思，刻劃一位柏那盧神甫在公開宣道時，說鼠疫是天譴，是上帝的懲罰，但卻不能解釋在現實世界中，為何一些好人都死去，而一些壞人卻活着。

但更荒謬的是，這位神甫後來卻一度信心動搖，在疫情的壓力下，他甚至對信仰的基本都提出懷疑，猶豫不決。但最後的救贖倒是來自普通老百姓的包容心、同理心與助人之心。

這也映照當前新冠病毒在國際關係上的爭議，西方一些民粹主義與保守勢力將病毒「意識形態化」，讓白人優越主義等反動思想重新抬頭，歧視中國與亞

洲人。特朗普一直說自己是習近平的好朋友，但他在選情危急之際，也開始大打中國牌，將美國疫情的痛苦轉嫁給中國，說病毒是來自武漢實驗室，與美國的情報界和公共衛生專家唱反調。

在經濟的危機中，也往往是人性的危機。卡繆的《鼠疫》也寫出資源匱乏的時刻，正是考驗人性的時刻。官僚系統分配資源的機制都逐漸失效，市場的運作也無法正常，最後只有巧取豪奪，各顯神通。

但民間社會還是展現人性的光輝，在病毒蔓延的漫漫長夜中，總可以看到一些人性的光輝。他們都是一些普通人，他們只是做好份內的工作，不忘原來專業的初心，在災禍面前不退卻，也等於是頂住了人性的防線。

鼠疫其實也是作家卡繆的隱喻，寫出納粹荼毒歐洲的痛苦。政治的病毒，來源自人類的惡。卡繆描繪阿爾及利亞奧蘭城的鼠疫災禍，也刻劃人性應變的善惡軌跡，向世人警示每個人內心深處都面對心靈病毒的襲擊。

心靈的解藥還在於包容心與同理心，要反抗生命的荒誕，人類要團結一致，而不是互相歧視與構陷。

卡繆回歸質樸的人道主義情懷，拒絕虛無主義的誘惑。

　　在當前新冠疫情被特朗普「武器化」的時刻，卡繆的小說像一枝利箭，刺穿了那些虛偽的臉譜，暴露人心的病毒；需要回歸科學與理性，才可以徹底清理毒害，才可以抗疫成功。

日本官僚失誤與民間的活力

　　不少日本人都不滿官僚抗疫的表現，認為這個龐大的系統進退失據，最後導致疫情難以控制。日本官僚系統都精於策劃和執行，但對於「想定外」（意料之外）的情況，卻往往手足無措。停泊在橫濱的「鑽石公主號」的檢疫問題，就暴露了日本官員決策的謬誤，終於鑄成大錯，讓更多的人感染，也成為輸入日本病毒的門戶。

　　研究日本政治的學者早就發現，日本人習慣集體決策，重視「共識政治」（Consensus Politics），不喜歡簡單的多數決，也不喜歡簡單的發號施令，而是爭取建立共識。它的優點是大家都有一個共同的目標，而有關細節也可以經過更多的討論，可以使得行動更細緻，但缺點則是沒有一個人可以「問責」，一旦失敗，大家都推搪說是集體決定，最後成為推卸責任的最佳途徑與藉口。

　　從深層次來看，日本社會所崇尚的「法規主義」（Legalism）也是罪魁禍首，也就是一切都講究程序與

過程，一板一眼，甚至有些行政環節要蓋上圖章，但實質的效果卻變成了形式主義，只有花架子，而無法驗證具體的結果。

其實除了這次抗疫事件的反思，在二零一一年東日本的「三一一」大震災中，日本官僚系統的應變也被批評為慢半拍，善後的措施也為人詬病，成為日本政治的一道尷尬的疤痕。

但日本民間的「匠人精神」卻可以彌補官僚系統的缺失，「匠人」重視在工作中追求極致，投下巨大心力，務求成果盡善盡美。因此日本的防疫工作一旦啟動，就可以看到千萬「匠人」的身影。由於日本的基礎教育重視組織與團結，公民從小就被教導要臨危不亂，具有高度的公德心。這都是日本在疫情嚴峻挑戰下的秘密武器，可以戰勝病毒，收拾官僚留下來的爛攤子。

同時，日本老百姓不管是擔任哪一個角色，都要做到最好，哪怕是在底層的工作，也不會懈怠。這和一些中國人的想法迥然不同，不會出現華人世界常見的「寧為雞口、莫為牛後」的心態；日本人倒是安於在自己的位置上，做到最好。

這也是日本社會面對新冠肺炎疫情挑戰的形勢，

野大於朝，民間勝過官方。匠人認真與專業的力量，
超越官僚權力的傲慢。

抗疫生死瞬間的啟示

　　亞洲的疫情死亡人數為何比歐美少那麼多？這是最近全球都在等待答案的拷問，也折射東西方完全不同的社會風格。一場瘟疫，多少悲歡離合的生死瞬間，都可以找到永恆的啟示？

　　這也許是文化的迥異？東亞國家，從日本、韓國到台海兩岸三地，都難忘非典的經驗，疫情的消息傳來，立刻戴上口罩。但歐美長期都有一種口罩恐懼，認為只是有病的人才戴上口罩，不能出現在公共場合。二零二零年疫情之初，加拿大一些醫院，亞裔醫生戴上口罩，還被白人上司責罵。但到了四月中旬，歐美社會才赫然驚覺，口罩是救命的護身符，但又供不應求，陷入苦惱不堪的窘境。

　　這也因為西方對疫情缺乏危機意識。亞洲諸國不少都經歷戰亂、天災與社會動亂，對於疫情來襲都有高度的警惕心態，相對地，歐美社會承平已久，沒有這樣的憂患意識，年輕一代甚至有強烈的反叛性，高喊為甚麼在春假期間不能在海灘的春光中沐浴？為甚

麼不能在酒吧裏與哥兒們作長夜飲？

社交距離，居家隔離，都被很多西方人視為違反基本人權的規定。因此最後美國有些群眾跑到街頭抗議封城禁足，甚至一些保守派還提出陰謀論，認為這是民主黨顛覆特朗普的陰謀，以破壞美國的經濟，讓特朗普無法競選連任。

特朗普也若隱若現地支持這樣的陰謀論，但也造成民間很多亂七八糟的流言，說病毒是別有用心的政治黨派的生化武器，抗疫就很難回歸理性與科學的討論。

流言背後也是很多政治上的傲慢與偏見，決策者將疫情高度政治化，反而沒有洞燭先機，及時應變。美國主流媒體後來都反思，中國已經獨力抵擋病毒兩個月，但美國卻是白白浪費了時間，沒有築起防疫的圍牆，也沒有為口罩與醫療用品預先做準備。特朗普開始時隔岸觀火，輕視病毒，最後病毒大軍兵臨城下，但為時已晚，讓病毒長驅直入，如入無人之境，至今奪走約六十萬美國人的生命，成為美國歷史上最慘烈的死亡痛史。

同時，西方民眾一般對領袖不信任，對政府的措

施都不願意落實配合。反而很多的防疫秘笈流行，包括特朗普的服用或注射消毒劑，居然還有人相信，成為可以奪命的笑話。

　　一些專家認為，東亞國家普遍擁有較佳的治理能力。日本、韓國與中國，都是重要的例子。但在歐洲，治理能力普遍被肯定的德國，死亡數字也不低。

　　這也許要留待歷史在未來的審判，為何防疫路上，東風壓倒西風？可以肯定的是，二零二零的新冠疫情是一場政治經濟的凌遲，不斷顛覆原來的知識結構，也開拓全新視野來認識東西方的異同點。

詩情戰勝疫情

在新冠病毒的漫天風雨中，中國與日本社會卻在漢字的世界裏發現最新的詩情，壓倒兇險的疫情，也讓文字的溫情，療癒多少讓人焦慮的病情。

疫情之初，日本運往中國的援助物資都寫上漢字的詩句，呼喚了那些在中日關係史上飄遠了的靈感。「山川異域，風月同天」，原是唐代高僧鑑真對來訪的日本僧人寫下的詩句，也寫下兩國的情緣。

另一些詩句，也打動了全球華人。唐代邊塞詩人王昌齡寫的「青山一道同雲雨，明月何曾是兩鄉」，也彰顯中日的文化淵源。至於《詩經》的句子「豈曰無衣，與子同裳」，更展現中日的深厚情誼。

這都是只有中日兩國人民才可以感受的情懷。在漢字的奇特的符號意涵中，中華民族與大和民族都在分享漢字獨特的美學。在古代世界中，本來很多亞洲地區都分享漢字共同體的氛圍，但是在二戰前後，越南、朝鮮半島都告別了漢字，認為這是難學的文字，不利於消滅文盲。越南的胡志明與韓國的李承晚等領

袖都喜歡寫漢詩，在方塊字的美學遊戲中，抒發建國大業的情懷。但這也是越南與韓國漢字的尾聲，最終都成為兩國的絕響，今天這兩國人民大都看不懂這些感情澎湃的漢詩。

但只有日本堅持與漢字不離不棄，雖然也輔以片假名、平假名，但漢字還是日文不可或缺的一環，至今日本中學畢業生要懂兩千五百個漢字。歷史上，漢詩是日本軍政界的嗜好。被視為日本軍神的東鄉平八郎最愛王陽明的哲學，曾腰佩印章寫着「一生伏首拜陽明」。

因而漢字成為中日之間的文化臍帶，背後也是兩國的文化與歷史淵源，包括東京都知事小池百合子，在援華的物資上，也寫上「雪中送炭」的成語。

對廣大的中國人民來說，日本支援武漢不僅是物資上的善意，更是文化上的「親近感」，發現「風月同天」的情緣，感受「明月何曾是兩鄉」的情懷，因而特別有一種人文的療癒效應，可以安撫病情，在不少人惶惶不可終日之際，讓古典儒雅的詩情，戰勝來勢洶洶的疫情。

同氣連枝，共盼春來，這也是中日在疫情中的共

同願望。中日的政治關係也許有很多現實利益的算計，但社會上與文化上，則又有太多的「你中有我、我中有你」的緣份，難以割捨。一場世紀的病毒，改變了中日之間的心靈版圖，尋回了那些飄蕩在兩國歷史天空的詩魂。

跋：新加坡的第三隻眼睛

　　新加坡是中美關係的第三隻眼睛？也許是東西方關係的橋樑，新加坡長期以來都對中美關係的觀察，別有獨特的角度，可以發現雙方決策者的盲點。

　　新加坡前外交官馬凱碩（Kishore Mahbubani）在他的著作《中國贏了嗎？》（Has China Won）指出，中國和當年的蘇聯不一樣，並沒有試圖挑戰或威脅美國的意識形態；把新中國的挑戰當作類似蘇聯的策略看待，是美國犯下的典型戰略錯誤。

　　特朗普的對華政策，將中國視為頭號敵人。白宮前任國家安全顧問麥馬斯特（H. R. McMaster）說過，美國與中國之間的鬥爭，代表「自由開放的社會與封閉獨裁的專制體制」之間的鬥爭。馬凱碩指出，如果這個說法正確，那麼所有自由與開放社會都會感受到北京的威脅，但歐洲大部份的民主自由國家都沒有感到中國意識形態的威脅；東南亞的國家，包括民主選舉的印尼，都和中國關係密切。

　　由於美國很多的政客，從前國務卿蓬佩奧到眾院

議長佩洛西，都是用冷戰的觀點與術語，來描繪今天的中國，就等於是用「昨天的戰略打明天的戰爭」。

另一方面，中國對美國也犯下不少誤判，如要求美國企業用技術來換取中國市場，都引起很多怨恨，對於美國的開放程度陰晴不定，面對反彈。但更大的錯誤，在於將特朗普的政策，當作美國的常態，而忽略美國龐大的潛力與創意，都可以扭轉局面。

這也是中美關係學者的判斷，要超越特朗普政策的陰霾，看到美國在混亂中隱藏的創造力與爆發力。中國不能低估美國強大的個人賦權（Individual Empowerment）的意識。馬凱碩說：「中國文化認為社會和諧比個人賦權更重要，美國文化則剛好相反」。

同時，美國學術界及企業還是比中國更能吸納國際最優秀的人才。美國很多家大企業都是由外國出生的精英擔任主管，包括谷歌、微軟、百事可樂等，但中國至今還沒有一家大企業或大型機構是由外國出生的人經營。

同時，美國的法治強大，特朗普的選舉司法訴訟都被法官駁回，顯示司法權對行政權的制衡，而這則是中國的短板，因為「黨大還是法大」的命題在中國

仍然無解。

不過，美國貧富懸殊擴大，帶來全民的撕裂，尤其收入在全國百分之五十以下的美國人，近十年來收入停滯，對未來都感到絕望，但中國底層與中產階級民眾剛好相反，過去十年間的收入都全線上升，也對未來充滿希望。

馬凱碩並指出，中國與美國的博弈，美國似乎在下西洋棋，只看短期的衝刺，而中國則是在下圍棋，重點是長期的戰略，不是短期的收穫。兩大強國的博弈不應該是「零和賽局」，而應該是雙贏的局面。

從大歷史來看，如果中美長期繼續誤判，就很容易擦槍走火，爆發難以想像的軍事衝突。無論是南海還是台海，這將是一場在錯誤的時間、錯誤的地點、陷入沒有贏家的錯誤戰爭。